职教教师科研工作实例操作丛书

U0749571

浙江省社科联社科普及资助项目（编号：21KPWT01ZD-6YB）

职教教师科研工作100问

浙江省中华职业教育社 组织编写

仇贻泓 主审　朱国锋 等 著

浙江工商大学出版社
ZHEJIANG GONGSHANG UNIVERSITY PRESS
·杭州·

图书在版编目(CIP)数据

职教教师科研工作100问 / 朱国锋等著. — 杭州：
浙江工商大学出版社，2021.6
（职教教师科研工作实例操作丛书）
ISBN 978-7-5178-3859-3

Ⅰ．①职… Ⅱ．①朱… Ⅲ．①职业教育－教学研究－
中国－问题解答 Ⅳ．①G719.2-44

中国版本图书馆CIP数据核字(2020)第080637号

职教教师科研工作100问
ZHIJIAO JIAOSHI KEYAN GONGZUO 100 WEN
仇贻泓　主审　朱国锋　等著

责任编辑	谭娟娟	
封面设计	林朦朦	
责任印制	包建辉	
出版发行	浙江工商大学出版社	
	（杭州市教工路198号　邮政编码310012）	
	（E-mail：zjgsupress@163.com）	
	（网址：http://www.zjgsupress.com）	
	电话：0571-88904980，88831806（传真）	
排　　版	杭州彩地电脑图文有限公司	
印　　刷	杭州杭新印务有限公司	
开　　本	710mm×1000mm　1/16	
印　　张	16	
字　　数	205千	
版 印 次	2021年6月第1版　2021年6月第1次印刷	
书　　号	ISBN 978-7-5178-3859-3	
定　　价	50.00元	

本丛书获浙江省社科联社科普及项目资助

立项编号： 21KPWT01ZD

立项名称： 职教教师科研工作实例操作丛书

组织单位： 浙江省中华职业教育社

丛书总主审：

仇贻泓（浙江省中华职业教育社副主任、宣传教育委员会主任，省人力
　　　社保厅原副厅长）

丛书总主编：

朱国锋（浙江省中华职业教育社宣传教育委员会副主任、浙江交通职业
　　　技术学院教授）

/ 指导委员会 /

主　任：

仇贻泓（浙江省中华职业教育社副主任、宣传教育委员会主任，省人力
　　　社保厅原副厅长）

委　员：

于永明（浙江省中华职业教育社副主任，省教育厅党委委员、副厅长）

邢自霞（浙江省中华职业教育社副主任，省财政厅党组成员、副厅长）

郑亚莉（浙江省中华职业教育社副主任、交流合作委员会主任，浙江金
　　　融职业学院院长、教授）

潘云峰（浙江省中华职业教育社副主任、浙江荣盛建设有限公司总裁）

胡方亚（浙江省中华职业教育社副秘书长）

王志泉（浙江省中华职业教育社宣传教育委员会副主任、省教育厅二级
　　　巡视员）

洪在有（浙江省中华职业教育社宣传教育委员会副主任、省人力社保厅
　　　职业能力建设处副处长）

朱国锋（浙江省中华职业教育社宣传教育委员会副主任、浙江交通职业
　　　技术学院教授）

汪传魁（浙江省中华职业教育社社会服务委员会副主任、天成职业技术

学校董事长）

郑卫东（浙江省中华职业教育社社会服务委员会副主任，浙江纺织服装职业技术学院院长、教授）

高志刚（浙江省中华职业教育社社会服务委员会副主任、杭州市中策职业学校校长）

谢利根（浙江省社会科学界联合会党组成员、副主席）

程江平（浙江省教育科学研究院副院长）

周银波（浙江省人事教育指导服务中心主任、省职业技能教学研究所所长）

陆海深（浙江省人力资源和社会保障科学研究院副院长、副研究员）

陈　衍（中华职业教育社专家委员会委员，浙江工业大学职业技术教育研究所所长、教授）

胡新根（浙江东方职业技术学院院长、教授）

杜兰晓（浙江旅游职业学院院长、教授）

汤有祥（浙江宇翔职业技术学院院长、上墅教育集团董事长）

毛建卫（浙江工业职业技术学院校长）

胡晓杭（金华教育学院院长）

杨国强（杭州第一技师学院党委书记、院长、正高级讲师）

许红平（杭州萧山技师学院院长、教授）

阮强志（长兴技师学院院长、副书记、高级讲师）

施学斌（桐乡技师学院院长）

盛锡红（绍兴技师学院（筹）校长）

王钟宝（永康五金技师学院院长、永康市职业技术学校校长）

郑效其（杭州市开元商贸职业学校校长）

却　旦（杭州市乔司职业高级中学校长）

杨琼飞（杭州市旅游职业学校校长）

俞浩奇（宁波外事学校校长）

陈　列（宁波建设工程学校校长）

赵百源（柯桥区职业教育中心校长）

毛　芳（龙游县职业技术学校校长）

谢卫民（三门县职业中等专业学校校长、党委书记）

曾国健（丽水市龙泉市中等职业学校校长）

程新杰（杭州市计算机学校校长、"一技成"天赋教育联盟秘书长）

周燕波（衢州市南孔职业培训学校董事长）

张　旻（中国亚厦控股集团副总裁）

毛英俊（锦绣江山外国语学校董事长、浙江金和龙房地产公司董事长）

/ 编写组名单 /

组　长：

朱国锋（浙江省中华职业教育社宣传教育委员会副主任、浙江交通职业
　　　技术学院教授）

组　员：

梁伟样（丽水职业技术学院院长、教授）

李增蔚（舟山技师学院党委书记、院长、副教授）

沈玉英（浙江建设职业技术学院科研处处长、教授）

潘建林（义乌工商职业技术学院科研处处长、教授）

罗晓晔（杭州科技职业技术学院机电工程学院院长、教授）

王晓蓬（浙江理工大学科研院副院长、副研究员）

汪丽薇（浙江经贸职业技术学院科研处副处长）

沈佩琼（温州科技职业技术学院高职教育研究所所长、研究员）

范秀芳（金华市技师学院教科处处长、高级讲师）

周　佳（浙江理工大学博士）

朱亚珠（浙江国际海运职业技术学院教授）

陈　凌（嘉兴职业技术学院教授）

高志宏（湖州职业技术学院教授）

郭伟刚（杭州职业技术学院友嘉机电学院副院长、教授）

何应林（金华职业技术学院副研究员）

姚　翔（杭州市交通职业高级中学教科室主任、高级教师）

杨宗斌（衢州中等专业学校教科室主任、高级讲师）

王　婧（浙江金融职业学院副教授）

/ 总　序 /

王利月

（浙江省委统战部副部长、省中华职业教育社常务副主任）

　　职业教育与普通教育是两种不同的教育类型，但具有同等重要地位。随着我国经济社会发展，职业教育在社会主义现代化建设中的地位和作用更加突出，上升到"没有职业教育现代化就没有教育现代化"的高度。作为职业教育先进地区，浙江省一贯重视推进职业教育现代化建设，积极把职业教育融入"两个高水平"建设大局，致力于打造职业教育的"浙江样板"，并向"成为新时代全面展示中国特色社会主义制度优越性的重要窗口"的新定位、新目标积极努力。

　　拥有一支优秀的职业教育教师队伍，是推动职业教育进一步改革发展的关键。浙江省中华职业教育社作为省委省政府团结、联系职业教育界和民办教育界人士的桥梁和纽带，积极开展服务职业教育改革发展的各项工作。为助力职业教育教师队伍的培养，我们设立了"浙江省中华职业教育科研项目"，推动职业教育工作者积极开展科研活动，得到了广大职业教育工作者的热烈拥护和广泛好评。

　　职教科研是职业教育工作者的一种创造性认识活动。这种创造性认识活动的顺利开展，需要职业教育工作者特别是教师具备三方面的条件：

一是强烈的科研愿望，二是一定的科学研究能力，三是掌握一定的科研方法。当前，大部分职教教师能够深刻认识开展科研工作的意义，具有强烈的开展科研工作的愿望。但由于科研经验和能力的不足，许多教师在起步阶段不得要领，不知从何下手，一旦遇到挫折，比如申报浙江省中华职业教育科研项目未能成功，便渐渐失去开展科研工作的热情和耐心。这对于自身的进一步成长是不利的，也是非常可惜的。

为切实解答当前一线职教教师在科研工作中的实际困惑，更好地提高广大职教教师的科研能力，帮助职教教师成长成才，浙江省中华职业教育社邀请省内一些长期从事职教工作的专家和老师，编著了"职教教师科研工作实例操作丛书"。本套丛书不追求艰深的科学研究理论，而是力求让职教理论联系工作实际，以职业教育科研实践中遇到的实际问题为突破口，收集大量案例，注重示范性和操作性，致力于为一线职教教师开展科研工作提供有力指导，有很强的可读性。

这套丛书的作者们基于对职业教育的热爱，对职教科研的热爱，希望为职教教师们做一件有意义的事情。我深深感到，像这样致力于职教科研的老师再多一些，科研型教师的队伍再庞大一些，职教科研的前景一定会更加美好。我更加期望，职教教师在做好教学工作的同时，能够更加热爱职教科学研究，那么，我们的职业教育前景也一定会更加美好！

是为序。

/ 目　录 /

第一篇　想课题——怎样申请到科研项目

申请课题立项，这是教师开展科研工作的第一步，也是入门的第一步。申请项目没有被批准是教师在刚开始科研工作时经常会碰到的事情，在申报失败中不断反思和磨炼，这也是一个科研工作者的成长之路。课题研究是一项有计划、有组织、有过程、有方法的科学探索过程，是一项有序的系统工程。课题研究共包括三个阶段：前期准备阶段、研究探索阶段、成果处理阶段。本篇主要讲述在第一阶段教师开展科研工作应掌握的最基本技能。

一、走进科研　/003

第 1 问　教师做科研课题能带来什么好处？/003

第 2 问　普通教师申请科研项目是不是非常难？/006

第 3 问　申报科研项目前应做好哪些准备？/007

二、项目设计　/016

第 4 问　怎样起一个好题目？/016

第 5 问　怎样找到自己熟悉、擅长的申报课题？/018

第 6 问　怎样把思考的问题变成一个课题？/020

第 7 问　怎样根据项目指南设计题目？ /023

第 8 问　项目指南以外的自主设计课题应注意什么？ /024

第 9 问　怎样在文献阅读中得到课题设计的启发？ /026

第 10 问　怎样在教学实践中发现研究问题？ /027

第 11 问　怎样在社会热点难点中发现研究问题？ /029

第 12 问　怎样查找与你所设计课题相关的研究资料？ /032

第 13 问　怎样学习一个项目成果后转换角度设计研究项目？ /033

第 14 问　怎样把以往科研成果持续深化申报？ /034

第 15 问　一个好的科研项目应具备的几个特点 /037

第 16 问　怎样在怀疑和批判的思考中设计研究项目？ /041

第 17 问　设计科研项目时如何评估自己承担课题的能力？ /044

第 18 问　课题研究选题上要注意哪些问题？ /046

三、写申报书　/048

第 19 问　怎样高质量完成一个项目申报书的编制工作？ /048

第 20 问　怎样确定选题的研究价值？ /049

第 21 问　申报书中项目研究人员（团队）的构成有何要求？需要
　　　　　注意什么？ /051

第 22 问　在组织研究人员时，如何把将来的课题成果分享和研究
　　　　　经费划分一并考虑？ /053

第 23 问　申报书中项目经费计划编制时有什么要求和技巧？ /056

第 24 问　怎样写好项目申报书中国内外研究现状（文献综述）？
　　　　　/058

第 25 问　项目申报书中列出参考文献时对数量和质量方面有什么
　　　　　要求？ /061

第 26 问　怎样编写申报书中的主要研究内容？ /062

第 27 问　怎样编写申报书中的目标、方案和进度计划？ /064

第 28 问　怎样在项目申报书中表述拟解决的关键问题？ /068

第 29 问　项目申报书中成果形式怎么填？ /069

第 30 问　项目申报书中的预期成果怎么表述？ /070

第 31 问　项目申报书中的经济效益和社会效益怎么写？ /072

四、申报技巧　/073

第 32 问　申报科研项目有没有什么秘籍？ /073

第 33 问　有什么途径可尽快提升课题申报书编写水平？ /079

第 34 问　怎样有效获取课题申报相关信息？ /080

第 35 问　申报书提交时，除内容质量外，在形式上还需要注意
　　　　　什么？ /081

第 36 问　在申报前，如何深层次了解项目发布者的要求和申报
　　　　　选题倾向？ /085

第 37 问　怎样在课题申报书中体现项目研究的创新性？ /086

第 38 问　针对研究项目，一般学校都是限额申报，那如何有效
　　　　　取得学校的推荐资格？ /087

第 39 问　可以邀请其他单位人员一起进行项目研究吗？企业是否
　　　　　可以？ /088

第 40 问　课题未立项有哪些主要原因？ /089

第二篇 做课题——怎么完成已立项的科研项目

申请课题立项后,尽管第一步已经心想事成,但真正的科研工作才开始。有些教师在第一阶段为了拿到课题项目,在课题申请时并没有很好地考虑科研条件和课题实施中的具体可行性,一旦课题批准,签订相应的课题约定书,就意味着在规定的时间内必须提交相应的成果。这就要求课题负责人必须按照开题论证、课题实施等方案一步步深入完成。做课题是课题实施和课题研究的核心环节,课题研究的好坏、成败都取决于这个环节。

一、项目管理 /097

第 41 问 怎样召开课题研究的相关会议? /097

第 42 问 课题中期检查时需要做哪些准备工作? /107

第 43 问 怎样借助外力来高质量地完成课题研究任务? /108

第 44 问 当研究中出现成果与研究设计不一致时该怎么处理? /110

第 45 问 怎样做好项目研究阶段性成果的目标管理工作? /111

第 46 问 课题主持人如何把控项目研究的进度? /113

二、团队管理 /115

第 47 问 课题负责人怎样对团队成员进行合理分工? /115

第 48 问 怎样有效发挥科研团队人员的作用,使大家各尽其责? /116

第 49 问 借助高校、企业和政府等共同合作开展项目研究应注意什么? /118

第 50 问 借助企业共同合作开展项目研究应注意什么? /120

三、研究方法　/122

第 51 问　常用的研究方法有哪些？/122

第 52 问　怎样用好文献研究法？/124

第 53 问　社科类科研项目如何开展访谈工作？/126

第 54 问　访谈法的类型和开展程序　/129

第 55 问　实施访谈法时需要注意哪些问题？/130

第 56 问　哪些项目需要用问卷调查的方式来进行研究？/132

第 57 问　问卷调查法有哪些优势和局限性？/133

第 58 问　举例说明如何编制问卷　/135

第 59 问　选择问卷被试时应考虑哪些因素？/138

第 60 问　开展问卷调查时需要考虑哪些费用？/139

第 61 问　怎样撰写问卷标题、引言与致谢语？/141

第 62 问　怎样对问卷信效度进行检验？/143

第 63 问　调查问卷样本量如何确定？/145

第 64 问　怎样开展问卷的预调查？/146

第 65 问　社科类研究项目常用哪些工具和软件进行数据处理？/147

四、经费管理　/149

第 66 问　使用课题经费有哪些明确的规定？/149

第 67 问　课题研究中项目经费使用如何把握？/153

第 68 问　学校不给科研经费如何解决？/154

第 69 问　课题经费使用中有哪些常见的违规现象？/155

第三篇　结课题——怎么完成结题出成果

这是收割课题成果的阶段，课题研究辛辛苦苦，后面的成果需要系统总结和展示，这部分工作没有做好，是对前期研究成果的埋没。结课题是课题研究三大过程的第三部分，也是收获的环节。基本内容包括撰写报告、课题结题和成果推广，涉及的面也很广，需要和项目设立单位、成果发表单位进行沟通、协调，并取得最大的支持。成果推广更是一项重要的工作，课题成果没有应用就会变成课题研究者的自娱自乐，使课题研究的价值大打折扣。

一、课题结题　/163

第 70 问　课题结题前需要准备好哪些研究成果、材料？/163

第 71 问　结题一般有哪些方式？/165

第 72 问　怎样编制课题成果的清单？/167

第 73 问　课题结题时如何准备辅助的结题佐证资料？/168

第 74 问　怎样获得课题研究成果的应用证明？/171

第 75 问　课题、论文、科研成果三者有什么关系？/177

第 76 问　如何撰写课题研究报告？/180

第 77 问　科研课题结题程序一般是怎么样的？/186

第 78 问　结题需要注意哪些事项？/189

第 79 问　课题结题通过的考核依据是什么？/190

第 80 问　怎样组织好课题结题（评审）会？/193

第 81 问　准备结题前需要和哪些相关人员取得沟通？/195

第 82 问　怎样更好地应对结题会上一些专家的提问和质疑？/197

第 83 问　课程组成员如何分享课题成果，包括论文署名等问题 /198

第 84 问　在哪些情形下，课题被认为不能结题？ /200

第 85 问　因某种原因，已经预计到不能按时结题该怎么办？ /204

二、论文发表 /206

第 86 问　怎么撰写课题成果论文？ /206

第 87 问　怎么样把课题成果及时以论文的形式发表？ /207

第 88 问　怎样选择合适的期刊来发表课题成果？ /208

第 89 问　投稿时，有什么技巧可以提高论文被发表的概率？ /210

第 90 问　论文投稿时，署名有什么讲究？ /212

第 91 问　怎样和杂志社编辑实现有效的沟通？ /213

三、获奖申报 /215

第 92 问　科研项目研究成果如何去评奖？ /215

第 93 问　如何及时获取项目评奖申报的相关信息？ /216

第 94 问　怎样准备项目申请报奖的相关材料？ /217

第 95 问　申请科研项目奖项时应注意哪些问题？ /218

四、成果应用 /220

第 96 问　怎样应用和推广课题成果？ /220

第 97 问　项目研究成果如何进行转换应用？ /222

第 98 问　成果转化中如何保护自己的知识产权？ /224

第 99 问　成果转化中国家有哪些激励政策？ /228

第 100 问　科研成果转换中应避免哪些风险？ /233

后　记 /235

第一篇

想课题——怎样申请到科研项目

　　申请课题立项，这是教师开展科研工作的第一步，也是入门的第一步。申请项目没有被批准是教师在刚开始科研工作时经常会碰到的事情，在申报失败中不断反思和磨炼，这也是一个科研工作者的成长之路。课题研究是一项有计划、有组织、有过程、有方法的科学探索过程，是一项有序的系统工程。课题研究共包括三个阶段：前期准备阶段、研究探索阶段、成果处理阶段。本篇主要讲述在第一阶段教师开展科研工作应掌握的最基本技能。

（扫码了解第一篇内容）

一、走进科研

（怎样走进科研大门）

第1问

教师做科研课题能带来什么好处？

这是一个非常实在的问题，也很直白，也确实需要想清楚，这样做科研项目才有动力。也可以换一个问法，就是职教老师为什么要搞科研？

有的职教老师认为他们只要把课上好，实训带好，科研是科研人员的事情，是学校科研管理部门或者科研人员的事情，或者是新来的博士、硕士们的事情。也许身边关心你的学校领导或者同事会说，没有论文这类科研成果就不能评高级职称。因为学校或者相应的教育行政部门对教师的职称晋升文件就是这么规定的。

因为科研已经成为教师职称晋升的前置条件，所以必须做，再往深层次想，科研工作对教师来说，可能还不仅仅是晋升职称的问题（职称涉及工资），还关系到教师的职业，更关系到教师的生存状况。再进一步说，还关系到教师的幸福与人生意义。为什么会这么说，笔者曾和一位毕业于名校后来供职职教的研究生女教师聊起职称，她说她的先生很疼爱她，她的家庭也很富足，只要开心上好几节课就行，赚钱不用她操心。这位老师的教学天赋很高，教学能力也非常强，也很受学生欢迎，所以倒也过得自在，也不用操心提升职称的事情，因为晋升了也就加了那么一些钱。十几年过去，她忽然发现一同进校的甚至后来的教师，都已经成为一个个拥有高级职称的教师，而她自己，因为满足现状一直原地不动，也就一直没有科研成果，所以职称自然也就不会变化。想起职称，她就感到无形的压力和焦虑，一焦虑就影响到她的学校生活，甚至家庭生活，进而影响到原先她认为的幸福生活。

那么，科研对我们职教老师意味着什么？有什么好处？

一、科研可以改变教师的教学现状

一个普通教师的日常工作不外于备课、上课、批作业、出试卷、改试卷，填各种考核表，计算各种学生分数排行榜等，年复一年，这样下去教师的教育经验确实在慢慢丰富，但最后可能只成为一个老教师而已。但看看周围被大家或者社会认为是教育名师的老师，大多都是经常结合上课工作，再承担一些科研任务，今天完成这个项目，明天获得一个成果奖，慢慢积累后就成为学校里的教育名师，自然成果满满。

二、科研可以改变教师的职业生涯

看看身边的学校领导、教研室主任，或者教育名师，这些人中有很多是从教师岗位一步步走上去的。这些人有一个共同的特点，他们的科研成果往往比一般教师多得多，等教师队伍中的一些老师积累了相应的科研成果，在推荐各级领导的候选人时，大家就比较容易想到他们，所以，有科研成果的教师更可能成为教研室或者学校的领导。人们常说，教师是灵魂的工程师。但没有科研基础，你怎样成为学生的灵魂工程师？纵观历史上非常有成就的教育家，哪一个不是科研高手？他们的著作里都是科研成果的体现，所以他们才成为我们共同的导师。

三、科研可以改变教师的人生命运

这句话看上去有点夸大，但细想还是很有道理的。在高校大众化教育前，考上大学就能改变一个人的命运，这在中国是一个切切实实发生的事。从 1949 年中华人民共和国成立开始一直到 20 世纪 90 年代初，农民子弟改变自己命运的最直接办法就是考取大学成为一个大学生。这就是以前常说的知识改变命运。但在今天已经不是这个说法了。

我们看一下周围的老师队伍里，在大家心目中优秀的老师也仅仅是少数，或许只有不到 10%，但仔细分析一下这 10% 的优秀老师，便会发现他们有一个共同的特征，即教育科研上出类拔萃。这是不是给大家一个启示？

当老师的时间越长，教学经验肯定会随着时间的增加而丰富，但带着教育科研思维去承担老师工作的人和单纯完成一份老师工作的人来说，其成长的速度和教学水平的提升速度会完全不一样。我们也可以回头看一下我们身边的老师：一些是为当老师的老师，他们也是兢兢业业地完成教学任务；另一些是带着科研思维的老师，他们时时刻刻问自己，有没有比这样更好的教法？若用另外一个方法来讲课，学生们是否更容易接受？问题很多，想法也很多，这些问题始终激励着老师带着问题去解决、去探索，把这些问题的思考过程、解决过程记录下来，到成果总结阶段就能形成一个科研项目。几年下来，周围的人就会明显感觉到这两类人的差距，时间越长差距越大。

另外，到一定教学年限后，老教师和年轻老师很难有明显的差距，但科研成果上往往会拉出明显的差距。在论文比赛、课题研讨、优质课比赛等中，年轻老师也很容易胜出，引人注目。更多的年轻老师因为科研成绩优秀，被组织安排到重要的教学领导岗位，周围的一些院校领导大多数都是教育科研的核心人物，所以从这方面来说，科研工作有时也会改变教师的人生命运。

第2问

普通教师申请科研项目是不是非常难？

身边有很多教师一直想拿到科研项目，但一直没有拿到过，原因有二：一是，他们只是想，但一直没有申请。所以我的科研心得是：做科研和写论文不是完全学会了才去做，是做了才能完全学会。不申请自然没有科研项目。二是，看看身边申请到项目的人，基本上不是学校领导就是教学名师等大咖级人物。普通教师总觉得自己比不过那些人；并且自己是科研小白一个，且没有人脉关系，怎么能得到项目？

这样说来，申报项目真的太难。其实根本不是这样的，在我看来：

一要认识问题。像哥白尼的"日心说"极大地提升了人类对于世界的基本认知那样，改变错误观念对于我们的科研工作而言至关重要。究其本质，我们每个人的科研工作都是在观念的指引下进行的。观念决定高度，科研能力与学术成就的高低，背后传递的是观念层次的差异。前段时间我碰上一位60岁左右的退居二线的领导，他不会用微信，还强调用微信是年轻人的事情，觉得他自己都这个年纪了，还学什么微信。他不知道的是，有多少80岁以上的老太太、老爷爷都会使用微信，因为微信实在太方便。这就是一个观念问题。

观念就好比我们的手机操作系统，经验、技巧和方法则是安在手机上的各种App。不更新操作系统，再好的App也玩不转。

你不想申报，那还有谁能帮你，所以有想法，就大胆地去报。我认为，带着问题不断思考，有想法后就大胆申请项目，是项目申报成功的第一步。

二要会磨。哪个科研大咖的成果不是靠一个个科研项目累积出来的？你如果相信自己有一天也能成为大咖，那就需要从今天开始申报项目，不要永远只是看客。

三要拼实力。现在的科研项目审批都是经过单位初审—专家评审—领导批准这 3 个流程，各级政府对科研项目的立项工作也越来越公开和透明，凭关系不能说完全没有，但在我看来主要还是拼实力。你去研究一下立项的项目，这些项目的立项者绝大多数都是科研骨干，也就是我们身边对科研有准备的普通教师。

所以，申请科研项目是有难度的，教师为了拿到科研项目就需要不停地规划申报。

第3问

申报科研项目前应做好哪些准备？

这个问题很重要，要想成功，事先没有好好准备是不行的，申报科研项目更是如此，需要做大量的前期准备工作。在我身边有些大咖级教授为申请一个高级别的科研项目，往往提早半年就开始启动申报书的编制工作，当然他们在准备的科研项目都是国家级重要项目，他们的团队一直围绕着申报项目进行思考，每天逐字逐句进行设计和推敲；而相反，在我身边的一些职教老师，往往都是等项目设立单位发布申报通知，时间只剩下一周，或者几天，才开始匆匆忙忙地去考虑申报书的编制，更有甚者，两三天就搞定一本申报书。这样的项目申报书，专家一看就明白，项目申报成功的概率瞬间跌到底点。

申报科研项目前应做好以下准备。

一、认认真真阅读项目申报指南

这是最为重要的事情，因为项目申报指南反映了项目设立者的意志，也就是他们的需求，你不了解需求，怎能满足他们的需求？当然，有些项目设立单位没有发布项目申报指南，但在申报文件中对范围有明确的要求，这也相当于项目指南。因此建议申报者在申报前一定要好好研究项目申报指南，不然会在形式审查时就被淘汰，这样岂不冤枉？

下面以 2020 年"浙江省中华职业教育科研项目"、2020 年"浙江人力资源和社会保障科研项目"和 2020 年浙江省教育科学规划课题申报范围为例。

1. 2020 年"浙江省中华职业教育科研项目"申报范围

"浙江省中华职业教育科研项目"申报范围为黄炎培职教思想和工匠精神研究、职教就业创业研究、产教融合和现场管理研究及温暖工程研究等 4 个研究方向，其他研究方向的科研项目不予受理。

很显然，这个申报范围规定了 4 个方向，超出这 4 个方向的科研设计是不能通过审查的。

2. 2020 年"浙江人力资源和社会保障科研项目"申报范围

申报选题要紧密围绕全省人力资源社会保障中心工作，聚焦加快人社治理数字化转型、促进就业创业、强化人才支撑、增强人力资源服务能力、提升社会保障水平、建设平安人社等重点方向开展研究。选题要突出研究的创新性、针对性、前瞻性，重视科研成果的转化和应用，充分展示浙江省人力资源和社会保障改革实践新经验、新进展和重大基础理论成果。具体申报可根据《2020 年浙江省人力资源和社会保障科研重点》自行设计申报项目。

3. 2020 年浙江省教育科学规划课题申报范围

申报课题类别：①规划课题（研究周期一般为 2 年）；②体卫艺专

项课题（研究周期一般为 2 年，仅限地市申报）。省规划课题和专项课题指教育教学具体领域的课题，研究周期一般为 2 年，至多不超过 3 年。省重点课题指在规划课题研究基础上需要继续深入研究的，有重大理论和应用价值的课题，研究周期一般为 3 年，至多不超过 4 年。

浙江省教育科学规划课题申报范围没有明确规定，申报者可认真研究浙江省教育科学规划课题管理办法（2018 年 10 月修订）中相应的规定进行申报。

另外，申报者要及早开展申请前的信息准备工作，很多申报信息不是到申请指南下发的时候才知道的。由于原则性的问题不会改变，90%的申报指南信息都是可以通过以往几年的申请指南了解到的。申请者在准备之前，要重点关注项目指南中的"申请须知"和"限项规定"等内容，要认真阅读并准确解读申请者所在领域的资助范围、资助特点等信息。

同时，申报者也要先了解申报项目的申请条件、限项要求、推荐要求、经费预算要求等，尤其是管理费与交流费及劳务费的比例和使用范围，切实做到心中有数。但从目前情况来看，职教类项目大多数没有经费资助，是以所在单位的配套经费为主，但经费的用途等要求与上述相同。

二、了解课题设计的一般来源

课题设计来源于科研方面的问题，但提出一个有科学意义的问题是一件比较困难的事情，甚至比解决问题还困难。根据经验，可以从以下途径进行课题设计。

1. 从职业教育教学工作面临的突出问题中开展课题设计

我们在职业教育教学实践中每天都会遇到一些实际问题，如职教学生对学习不感兴趣，沉迷于网络游戏，不遵守纪律等，原因究竟是什么？怎样才能有效解决这些问题？教育教学中怎样促使学生对专业学习有兴趣？课堂教学中应该如何有效地组织合作学习？如何帮助学生克服厌学情绪？类似的问题，我们在教学中经常会遇到。这些问题虽然有不少人研究过，但并没有完全解决。随着时代的发展，教育教学中的新问题也在不断产生。从这些突出的现实问题中选择相关问题开展研究最能发挥教师的优势，对提高育人质量能产生最直接的效果。

如，课程思政研究也是近年来一个新的研究方向，下面列举 2020年浙江省教育科学规划课题立项的相关题目供大家参考（见表 1-1）。

表 1-1 2020 年浙江省教育科学规划课题立项的部分题目

项目编号	项目名称
2020SCG004	大学生"工程伦理"课程思政建设与立德树人研究
2020SCG061	"三提四融"：高职旅游管理专业课程思政改革研究与实践
2020SCG088	"新工科"背景下地方应用型本科院校课程思政育人模式的探索与实践研究
2020SCG178	高职院校课程思政建设路径研究——以空中乘务专业为例
2020SCG234	现代学徒制人才培养模式下高职院校课程思政协同式育人机制研究

2. 从教育教学的困惑中发现课题

有困惑就有研究方向。在教育教学工作中，老师们经常会遇到这样那样的困惑和疑问。比如，产教融合到底怎么搞？是形式主义还是真正落到实处？其他国家的产教融合是怎么做的？有了这样的思考，就会有"中日比较视域下应用型本科院校动画专业产教融合育人路径的优化研究"（项目编号：2020SCG346）这种科研项目立项。

在日常教学工作中，只要我们善于抓住自己头脑中出现的新问题、新思想，并勤于思考、善于分析，做个有心人，就可以较快地发现有新意、有价值的课题。

3. 从成功的教育教学及工作经验中提炼课题

很多教师在自己的长期教育教学实践中积累了成功的经验，如有的教师善于做学习困难学生的工作，与学生形成了良好的师生关系；有的善于培养学生的专业特长兴趣，开设了名师工作室；有的在课堂组织与管理方面很拿手，课堂秩序很好；有的在班级管理方面很有一套自己的办法，带出的班级班风良好。这些都可以形成研究课题，或进行经验总结，探讨其中的规律；或设计教学实验检验某种做法与提高教育效果之间有无必然联系等。

如一个立项的科研项目"基于'工作室制'高职院校创新创业教育探索与实践"（项目编号：2020SCG120）。

4. 在学习他人研究成果的启发下形成新课题

这是一个非常好的思路。对科研工作初学者而言，要提出一个好的科研课题是比较难的，所以一些前辈的经验是多看成功的科研项目案例，在阅读学习这些项目中，往往会使人产生很多联想，这些联想就是我们形成自己科研项目的前题，非常重要。

教师的教育教学实践往往伴随着大量的专业学习。在广泛的阅读学习中，教师们会经常看到各种各样的有关课程教学、班级管理、信息技术等新的研究成果，比如"情境教学""自主管理""翻转课堂"等。不少教师在看到这些研究成果时，就产生了应用或借鉴的想法。比如，有教师在学习了"微课程"和"翻转课堂"的有关理论之后，就想开展一项有关"高职应用文写作微课程开发与翻转课堂实施"方面的课题研究；有教师在了解到"脑瘫学生语文教学和康复训练融合教育研究"的信息后，就想结合自己所教学科开展"智力低下学生学科教学和康复训练融合教育"的研究。这就是一个通过阅读模仿产生的科研项目。

5. 从具体的教学场景中捕捉课题

职教教师一直生活在教育教学实际的现场，是在现场感受教育事实、深化教育理念和提升教育智慧的。而教育现场是教育问题的源发地，是问题产生的土壤。进入教育现场的教师对教育现场所做的任何真切而深入的分析，都可能产生大量的有待研究的课题。

职教老师会经常深入一线工厂车间等生产现场，通过和现场工人的交谈就可以了解到很多实际问题，把这些问题再结合到我们职教学生的培育上，就有很多科研项目可以设计。学生"完成得不好"的原因中可能存在学习情感、动机、能力等问题，教师完全可以就此展开研究。

因此，教师一定要学会关注自己的教育实践现场，善于从中发现问题、提出问题。教师要认识到，研究课题大多并不是来源于对理论材料的整理和分析，而是来源于教育实践场景。可以这样说，真实的教育实践场景既是研究得以进行的主要依托，也是发现问题的重要所在。教育实践场景蕴含了大量的甚至无穷无尽的待研究问题。而要在教育实践场景中发现这些问题，则需要教师具有较强的问题意识和高度的敏感性，同时，教师要能够在稍纵即逝的现象中捕捉问题，甚至在貌似没有问题的地方发现问题，不放过任何可以提出问题的细节和现象。

三、收集、整理和分析研究资料

申报科研项目前，掌握一定的文献资料是必须的。课题文献资料不仅能让人们了解有关方面已有的研究成果、研究历史和当前研究动态，进而帮助研究者选择和确定研究课题，而且可以为论证课题提供理论依据和事实依据，启发研究者的思维，激发研究者的灵感。可以说，研究资料的数量和质量也是判断教育课题研究水平的重要因素。

1. 收集研究资料的途径

课题研究资料的来源很多，教师在申报前，要始终以研究者的姿态观察教育现象，留意教育事件，注意从多种途径收集研究资料。

一是可以从日常教育教学工作中收集。教师研究的课题往往与日常教育教学工作联系紧密，教师要注意保管好相关的教学设计、教学反思信息、学习笔记、听课记录、批改的作业、教学成绩册，以及与学生相关的资料。二是可以从课题研究活动中收集。在课题研究过程中，可能会涉及以往设计及使用的调查问卷、访谈提纲、观察记录表、个案记录表、心理测试量表、实验数据等，这些都是重要的研究资料。三是可以在阅读学习中收集。无论是略读还是精读，都可以从中发现对课题研究有益的研究资料。因此老师要养成摘录文献、剪辑资料和写读书笔记的习惯，养成注明资料来源（作者、文章题目、发表书刊及日期等）的习惯。四是可以通过互联网收集。教师可利用搜索引擎对相关资料进行检索，收集与课题研究相关且对课题研究有用的资料。此外，课题研究各环节的相关文件及计划性、总结性、效果性材料，如立项申请书、立项通知书、开题报告、中期报告及发表的论文、产生的影响证明等，都是课题研究重要的过程性材料，教师也要及时收集保存。

2. 课题研究资料的整理

整理课题研究资料的目的是确保研究资料有序化和典型化，以便为资料分析提供方向和依据。

（1）研究资料的审核。资料审核是对获得的原始研究资料进行检查，辨别其是否准确和完整，并将不符合条件的资料删除，对有缺漏的资料及时补充，以保证研究资料的正确和有效。

（2）研究资料的分类汇总。研究资料的分类汇总是指将审核后的研究资料按照一定的标准进行分类和归并。对于文字资料，一般按照不同特征选择分类标准，将具有相同或相近特征的资料归于同一类。对于数据资料，目前主要借助相关软件完成相关分类汇总工作，EXCEL 或 SPSS 软件都是不错的数据处理软件。

（3）统计图表的编制。统计图表可以通过表格和几何图形的形式，把大量的数据资料形象地组合起来，合理地排列，以便展示资料的整体特征，为分析资料提供便利。制作统计图表时应注意表格的规范性：一个统计表只能表示一个中心内容，如果有多个内容则需要分列几个表。统计表的数字资料要认真复核，保证准确无误。教育科研中常用的统计图有条形图、饼状图、曲线图等，这些图都可以用相关软件的表格转换功能自动生成。

3. 课题研究资料的分析

常用的分析课题研究资料的方法有如下两种：

（1）定性分析。定性分析是指研究者在对所收集到的文字、声音、图片等资料进行系统审查、汇总、归类的基础上，进行逻辑和意义分析，从而揭示事物内在特性的研究过程，它是一个对资料分类、描述、归纳的过程。定性分析的对象是质的描述性资料，包括观察记录、访谈笔记、个案记录、学生作业、教师教案及相关音像资料等。定性分析的目的在于把握事物质的规定性，说明研究对象发展变化的真正原因。

定性分析的方法多种多样，常用的方法有因果法、枚举法、归纳法、比较法等。因果法是判断事物之间因果关系的分析方法，枚举法是通过列举有代表性的事实来证实研究结论的方法，归纳法是从个别事实推演出有关事物一般属性的思维方法，比较法则是将两个或多个事物加以比较以求得事物规定性的分析方法。采用何种定性分析方法，可根据课题研究的需要、研究资料的情况及研究者自身的情况来确定。

（2）定量分析。定量分析是把研究资料和信息量化，采用数学手段加以处理和分析，从而揭示事物间的相互关系、变化规律和发展趋势，以达到对事物进行正确解释和预测的目的。教育研究的定量分析一般用统计分析法，包括用特征量来显示数据资料，对样本资料进行检验和通过样本资料推测总体情况等内容。统计分析法的理论性较强，建议教师在具体运用时参照有关统计实例，同时借助合适的软件完成对相关数据的处理。

二、项目设计

（如何进行科研项目设计）

第4问

怎样起一个好题目？

想好了一个自认为非常不错的选题，但课题名称怎么定？课题名称非常重要，评审专家看申报书时最先看到的便是课题名称。课题名称是好课题的表现之一，所以得花大力气来好好设计。教师们要了解到选题和课题名称是两码事情，选题的重点在于选择，是寻找和探索，而课题名称的重点在于落地，追求精准和规范。选定一个好的课题名称可以从以下几方面入手。

1. 项目研究对象在课题名称中要做主语

你的项目申报书能否被专家一眼认可，能否让专家看明白题目是很关键的，所以教师们要确保拟定选题的关键词在课题名称中做主语，而不是定语。举例来说明，2020年浙江省中华职业教育科研项目中有一个研究方向是"黄炎培职教思想和工匠精神研究"，我们初拟的科研项目选题是"工匠精神"，若将一个选题初拟为"基于工匠精神的高职学生某个问题研究"，这样"工匠精神"就成为一个定语，因此我们还是要确保"工匠精神"在课题的项目名称中占据主语地位，这样可以增加项目被批准的可能性。

2. 要确定是用"问题型表述"还是用"陈述型表述"

研究已经批准的大量科研项目的立项名称后不难发现，它们大多是"问题型表述"项目或者是"陈述型表述"项目。

"问题型表述"项目是指通过申报人的研究去探索未知，寻求方法，找到答案的项目。从一般的年度项目申报公告和课题指南中也可以发现提及的选题都具有鲜明的问题意识，希望研究者根据实际情况，根据国家大政方针，提出应对和解决问题的方法或者措施。

与此相对应的"陈述型表述"可以理解为围绕选题做出概略性的研究陈述，然后把这个陈述直接作为课题名称。

为便于理解，下面从 2020 年度浙江省教育科学规划课题（高校）立项项目中选择几个例子。

"问题型表述"项目：

浙江省高职院校实施现代学徒制的阻碍因素与对策研究（刘会，嘉兴职业技术学院）；

新时代高职院校劳动教育的内涵阐释与培养路径研究（王一，金华职业技术学院）。

"陈述型表述"项目：

大学生写作素养测评的国际经验与模型建构（祁小荣，浙江外国语学院）；

吴越文化在儿童戏剧教育中的传承研究（汤丽拿，浙江长征职业技术学院）。

大家可以细细体会一下它们之间的区别，也有研究者经过大数据分析发现，针对教育类的科研项目，专家一般更倾向于"问题型表述"项目，"陈述型表述"项目立项的相对不多，但浙江省哲学规划办公室确定的科研项目后资助项目中，则刚好相反，后资助的是"陈述型表述"项目立项会更容易一些。

3.要认真契合项目设立者的方向进行选题申报

这个是很重要的，就拿 2020 年浙江省中华职业教育科研项目来说，项目申报范围非常明确，即黄炎培职教思想和工匠精神研究（A 类项目）、职教就业创业研究（B 类项目）、产教融合和现场管理研究（C 类项目）、温暖工程研究（D 类项目）。

这个申报范围已经非常的明确，很显然，这个范围与平时我们申报的教育规划项目和省教育厅的科研项目的范围相比大大缩小，仅仅限于这四个方面。这样规定的原因有二：一是项目设立者的意图，作为申报者认真领会精神是首要；二是与中华职业教育社的立社宗旨有关。

所以教师在设计具体课题名称的时候，一定不能超出这个范围，不然连形式审查都不能通过。

第 5 问

怎样找到自己熟悉、擅长的申报课题？

作为具有一定研究能力的职教教师，要结合所在学校的团队情况，根据自己所在的专业领域、擅长又感兴趣的研究方向，确定个人今后研究的重点领域。比如擅长理论研究的，尤其是职业教育理论，可结合自身教育学专业背景对当今国家热点的现代学徒制、国际化办学等做深入研究；擅长工程应用研究的，可对校企合作工作中发现的企业技术难题进行整合，并做深入的研究；等等。

职教教师可以通过以下途径寻找自己熟悉、擅长的申报课题：

1. 从校企合作实践中选题

当前高职院校大多和行业企业合作紧密，进行理论研究的老师可以从校企合作的运行持久机制、校企育人机制等方面去研究；而从事应用研究的老师可以在合作中通过帮助企业解决技术难题寻找研究的热点，可以从企业的新技术、新工艺与新设备等方面总结提炼出具有一定理论高度又结合工程实践问题的研究热点。

2. 从各级各类的规划课题中选题

目前高职教师从事的项目研究主要聚焦在省级、厅级与校级课题，比如 2020 年浙江省教育科学研究院，针对新冠肺炎疫情专门设立了浙江省教育规划"疫情与教育"专项课题，很多老师结合自身的在线教学经验开展了相关的研究：比如有一个老师以"教学中的进与退：高职理实一体化课程在线教学优化研究——以'××××'课程为例"；也有老师结合疫情急需解决的问题开展相关的研究，比如"疫情期间高职院校在线教学质量保障机制的探索与实践——以××职业技术学院为例"；还有一些学校设立了招标课题来确定研究单位或研究主持人等。因此我们可以从各类规划课题中进行选题。

3. 通过文献索引、分析、比较等方法选题

要做研究，老师们必须看文献。高职院校的电子资源相对较少，老师们可以通过各种途径查阅、收集专业论文，对研究领域的最新技术与研究动态进行分析和比较，再结合自身的研究条件，形成自己的研究课题。因此，作为一名做研究的高职院校教师，平时一定要注重收集、积累各种研究资料。

第6问

怎样把思考的问题变成一个课题?

面对教育教学工作,教师们常常思考很多问题,但把问题变成课题的思路少。怎样把思考的问题变成一个课题呢?可以从下面4个方面去思考。

1. 去功利:我到底想要研究什么?

首先要去功利。我们常常为了申报课题而写课题,不是写不出,就是写的东西不够精准,它只是解决了我们当下的焦虑,却无法真正地贴合实际工作的需求。我曾见过一位教师,在疫情期间申报省规划课题,由于该课题评选采用即报即评、滚动公布的原则,且那位教师投稿心切,只是结合自身专业申报了一个不痛不痒的专题,和疫情有关,也符合申报要求,却并没有精准把握当前的实际需求,对于要做什么,怎么做,并没有形成一个系统的思路,也就导致课题申报书写得粗糙。当该位教师意识到问题以后,首先调整了自己的心态,追问自己为什么要报课题,自己真正感兴趣的研究点是什么,哪些研究内容她有条件开展,她前期做了什么,后续可以如何做?当她不再将"我要申报课题"当作目标,而将"我到底想要研究什么"作为目标之后,很快便有了课题思路。

2. 聚焦"问题":我碰到怎样的问题?

其次是聚焦"问题"。教师要仔细想一想,日常教育教学中,最困扰你的问题是什么?比如,班级后进生该怎样帮扶?哪个问题你已经发现了,却一直得不到解决?比如,××学科新的教学模式缺乏最重要的环节。哪个问题是普遍存在的,不少教师都遇到了?比如,班级管理的评价模式需要更新。哪个问题对你的工作影响大?比如,课堂有情绪崩溃的学生。哪个问题目前较为突出，是迫切需要解决的？比如，疫情时期网络课程怎样系统开展？

仔细聚焦这些"问题"，它们就是课题思路的来源。举例如下。

最困扰的问题——班级后进生该怎样帮扶？课题思路：班级后进生帮扶机制研究。

一直得不到解决的问题——××学科新的教学模式缺乏最重要的环节。课题思路：××学科教学模式改进举措。

普遍存在的问题——班级管理的评价模式需要更新。课题思路：班级管理模式探索。

对你影响大的问题——课堂有情绪崩溃的学生。课题思路：课堂中情绪障碍学生安抚研究。

较为突出且迫切需要解决的问题——疫情时期网络课程怎样系统开展。课题思路：疫情下网络课程教学模式探索。

这些实际工作中产生的问题，最值得追究下去，由灵光乍现的一点，逐渐铺开成面，继而成为教师的课题思路。

3. 追寻经验：怎么解决这个问题？

有了问题，下一步工作就是积累解决问题的经验。这些经验来源于前人的研究，老教师的分享，同学科教师的经验之谈，以及以往解决类似问题的经验。因此，教师可以通过以下方式积累经验：

（1）研究者经验——前人的研究——查阅文献；

（2）长辈经验——老教师的分享——咨询请教；

（3）同伴经验——同学科教师的经验之谈——询问观察；

（4）自身经验——以往解决类似问题的经验——思考总结。

通过这些方式，教师会对当初选定的问题形成一个大致的判断，如它好研究吗？有别人做过吗？如有人做过做到哪一步了，还缺哪一步？

继续下去，教师可以将自己的研究点，变成围绕它展开的研究思路。

4. 探索异同：形成研究课题

有了研究思路，还缺最后一步，即探索问题的研究条件、背景等，那就要探索你的问题和别人的问题的不同点在哪里？和别人的经验相比，你解决问题的侧重点在哪里？你的问题是基于什么背景提出的？你的研究对象是否有不同？你当前的研究环境是否发生了变化？探索完这些问题之后，你的研究课题也就基本形成。举例如下。

（1）课题思路：班级后进生帮扶机制研究。探索异同：班级在自主管理时，后进生存在较大问题，其他时候问题并不突出。形成课题：班级自主管理中后进生帮扶机制研究。

（2）课题思路：××学科教学模式改进举措。探索异同：当前新课改背景下，采用新的教学模式，效果有待提高和问题有待解决。

（3）课题思路：班级管理模式探索。探索异同：你的班级采用人文化管理的方式，很多举措具有人本位思想。形成课题：人本化班级管理模式的探索与实践。

（4）课题思路：课堂中情绪障碍学生安抚研究。探索异同：你的研究对象是职高生，已经积累了一些经验。形成课题：职高课堂教学中学生情绪管理的策略研究。

（5）课题思路：疫情下网络课程教学模式探索。探索异同：你的网络课程有一个原则、N点做法。形成课题：疫情下中职语文"1+X"教学模式研究。

第7问

怎样根据项目指南设计题目？

高职院校教师在申报项目前，务必要对申报文件进行研读，特别是附有项目申报指南的，选题前一定要逐字逐句阅读。项目指南是在研究方向和范围上指导各学科项目申报的具有权威性和指导性的文件，也是课题评审委员会评议立项的重要依据。因此，申报者在确定选题时，要注意将自己的研究优势与项目申报指南完美结合，使自己的研究优势得以充分体现。在此基础上，好的题目设计应具备以下特征：

1. 题目要紧扣指南

题目要有吸引力，不要过大、过长。申报课题不要扎堆追热门题目，避免形成较强研究力量"大撞车"。选题时要考虑所选的相关题目资料收集是否充分，课题组成员前期研究是否有成果、有基础，研究队伍构成是否符合选题。要实事求是、量力而行，非本人所长的题目不要申报。同时要处理好"自定题目"与"指南题目"的关系。选题不一定要原原本本照抄指南的题目，可根据自己所处的区域、所熟悉的领域缩小一些范围；可以将指南的题目化解为申请者要做的题目，但往往范围比较大，大题小做一般做不好；对于较难理解的题目，可以写一两句话指出是根据哪一类题目或范围演化而来。

2. 题目能激发共鸣，有特点

激发共鸣主要体现在创新，如在校企合作体制机制理论问题上有系统的或重大的创新、突破，在专业建设上有新的建树，在应用对策性问题上有新的、好的思路，等等。有了创新才能激发评委的共鸣，引发评委的思考和兴趣。有些课题指南覆盖几十个学科，题目上千，如何在茫茫题目中找到适合自己的选题？这就需要突出自身的特点，所谓特点包括地方特色、重点专业、优势专业等，比如，浙江杭州的跨境电商、智能制造、动漫设计等产业特色鲜明，如果能从中找到适合的选题，申报命中率就会高一些。

3. 题目有可研性

可研性是指选题不能太窄太偏，缺乏普遍性，同时也不能太广太泛，以致无法深入研究。比如，有的老师的课题题目为"高职教育教学模式的研究与实践"，该题目过于广泛，没有针对性，无法深入研究。

俗话说，"好的开端是成功的一半"，具备以上特征且能使自己的研究优势与项目指南完美结合的选题将为成功申请打下良好的基础。

第8问

项目指南以外的自主设计课题应注意什么？

每年的立项课题无外乎两类，即指南选题与自主选题。指南选题大多是当前国家、省区市等各级管理中需要解决的重大问题或者紧迫问题选题，大多是由相关决策部门提出的，也有一些是全国各地高校和研究机构的研究人员提供的基于学科发展进展提出的基础性、前沿性或者探索性选题，这些选题大多都具有显著的导向性、权威性和示范性。

自主选题大多是申请者根据自己的学术兴趣、学术积累，或者是国内外的热门话题，或者是带有明显地方特色、区域特色形成的选题，还有很多直接是博士或硕士根据毕业论文设计修改的。由于这些选题事先未经规划部门筛选，常常不合时宜，个性有余，共性不足，加上本来就

"不被重视"，常常会被评为选题不够新颖，问题导向不明，缺乏时代性，或者选题太大，或者选题太小。一些已经完成的研究生论文，虽都是经过答辩专家审过的，但常常也会因为与社会现实需求对接不够，难以被评委青睐。

因此，自选课题的选题一定要紧扣以下原则：

（1）价值原则。重要性，理论价值（对原有理论体系的完善补充、突破、改善等），应用价值，现实意义紧扣主题。

（2）前沿性原则。要有战略眼光，有国家视角，对未来有导向作用。

（3）创新原则。如果之前有类似的、重复的课题，不要考虑，选题应有新意，有亮点。

（4）可行性原则。所选课题团队研究人员可以胜任研究任务，团队拥有的硬件资源可以支撑团队研究水平与能力，资源占有优势与研究时间的保证等能符合研究需求。

（5）适度原则。选题大小要合适，难度要适中。

（6）累积性原则。个人和团队都要有研究积累，尤其是项目主持人应该有比较过硬的相关研究前期成果。

（7）兴趣原则。结合自身兴趣做研究，突出兴趣，有利于避开与其他申请者的竞争。

（8）精准性原则。题目设在20字左右，而且不应该有副标题。题目简洁明了，但要清晰准确地表达主题。真正好的标题，是可以与3个关键词配套呼应的，研究的问题、对象与范围不应该超过3个关键词的领域。

第9问

怎样在文献阅读中得到课题设计的启发？

在文献阅读中，职教教师可以得到关于课题选题、研究思路、理论依据、研究方法、研究内容、观点论证、创新点和参考文献等多个方面的启发。

在一些文献中，作者会对某个领域的研究现状进行综合评述，对自己研究的不足进行分析，并指出下一步需要继续解决的问题；在一些文献中，作者会专门讨论在某些领域中尚未解决的问题。阅读这些文献，可以为课题选题提供直接的线索。在一些文献中，作者会介绍自己的实践经验，从这些介绍中，职教教师可以发现一些需要解决的问题；在一些文献中，作者会对某个领域的理论发展情况进行梳理，或者对某一种或几种理论进行深入分析，从这些梳理或分析中，职教教师可以找到一些突破的"点"；在一些文献中，不同的研究者会运用不同的研究方法对同一个问题展开研究，提出不同的观点，职教教师可以在对这些研究进行分析、比较的过程中提出有价值的研究问题。这些文献的阅读，可以为课题选题提供间接线索。当然，得到课题选题线索的一个重要前提条件是拥有一定数量的高质量文献，因此职教教师应练好文献搜集与整理这项"基本功"。

研究选题确定后，按照怎样的思路展开研究，以哪些理论作为理论基础，运用怎样的研究方法进行研究，如何确定研究的主要内容，运用哪些理论观点和实践经验作为自己观点的支撑材料，如何确定研究的创新点，运用哪些文献作为自己的参考文献等，这些都可以从文献阅读中得到启发。在阅读文献的过程中，职教教师可以有意识地注意这些方面，不断积累与思考，搭建自己课题的框架，并不断完善其内容。当然，并不是阅读已搜集到的部分文献就可以直接得到相关启发，或者说，不是阅读已搜集到的部分文献就够了，在阅读文献的过程中，职教教师还要做一些研究分析的工作，要结合研究需要搜集、阅读新的文献，要对各种观点进行甄别与比较，要结合自己的研究经验提出新的观点或设计。

第 10 问

怎样在教学实践中发现研究问题？

我们常说："问题就是课题。"可是老师们觉得困难的正是：问题究竟在哪里？首先我们要明确，这里所指的"问题"泛指职教教育教学管理发展中产生的、需要经过讨论、实践、研究来解决的疑难和矛盾；或者是职业教育改革过程中提出的需要佐证的职业教育的假设、观点等，概括来讲，也就是指与职教教育教学管理相关的理论问题和实践问题。那么，如何发现值得研究的问题呢？这些值得研究的问题来自哪里？这些值得研究的问题具备什么样的特征？

1. 发现问题的原则："三出发"原则

教师的研究问题会出现在哪里？在教师日常的教学经验和教学现象之中。教师一定要从自己熟悉的领域或者工作、生活中发现问题，遵循"从课堂出发""从教育教学出发""从学科、专业、学校改革与建设出发"的"三出发"原则。

教师的日常教育教学实践中隐藏着大量值得研究、需要研究的事件、现象和问题，仅靠教育理论工作者研究和探索是不够的，还需要教师自身在实践中研究和探索。教师可以从教育教学的疑难中寻找问题。例如，它可以是教师的设想、计划与实际效果之间的差距，可以是教育教学情境中教师与学生、学生与学生等的目标之间或价值取向之间的冲突与对立，可以是教师在教育教学中的"两难"情境，可以是不同的人或群体对待同一教育教学行为的不同看法，可以是在理论学习过程中产生的思想疑虑，也可以是在学校、专业、自身发展中存在的种种矛盾冲突；等等。

2. 发现问题的路径：及时记录、主动收集、科学筛选

我们在实践中发现，一线老师面临的困难就是不能敏锐地感知到问题。那么，如何让自己"敏感"起来呢？这是一个思考力训练的问题，在训练过程中没有捷径。

方法一：好记性不如烂笔头。养成及时记录教育、教学、管理、培训中所遇到的困难、困惑的习惯，提倡利用现代工具，例如，微信、微博、圈子、小程序等做好教学日记。

方法二：主动收集问题。一线的教育科研人员也可以做一些引导活动来帮助老师发现问题。例如，2014 年杭州市中职教科研大组活动就专门开展了"教学问题收集"活动，并对这些问题做了汇总和诊断，发现老师们反映的信息化学校建设与教师远程教学技术、现代教育，结果技术不匹配的问题最为突出。因此，那一年科研大组将"反转课堂""慕课""微课制作"等作为研究重点内容。连续在几所学校开展相关内容的"教学现场诊断"会，活动相关方发现可以通过"看课""议课"发现问题，帮助老师们提炼研究方向。老师们也可以通过问卷调查、小型的头脑风暴式讨论会等来收集问题。

方法三：科学筛选出适合一线教师研究的问题。有时候教师列出了很多问题，但是要将之作为自己的研究问题，依旧无从下手。这里就存在一个如何筛选问题的问题。

有的问题很有价值，但是教师把握不了；有的问题教师可以把握，但是缺乏研究价值。那究竟该如何科学地筛选问题呢？笔者提出"四个是否"的原则。

把一般问题转化成研究问题之前，要先对问题的研究价值做一个判断，也就是要提炼研究问题。而可以被提炼的问题具备哪些特点呢？它应该满足"四个是否"：是否为教师教育教学面临的难点重点，这体现的是问题价值；是否为当前教师的迫切需要，这体现了教师研究的内驱力；是否具有很强的操作性，这体现了问题的可行性；是否具有导向性，从而能够有效地渗透研究的理论、认识与方法，有助于通过科学的方式来解决问题。

3. 转化问题的方法：系统思考，从模糊到清晰

经过筛选的问题，一定是有研究价值的，但是从有价值的问题到有价值的课题还需要进行系统的思考、厘清，需要通过文献研究、经验分析、交流讨论、研究设计等让还存在于模糊的问题领域中的问题逐渐变得清晰、聚焦。

第11问

怎样在社会热点难点中发现研究问题？

职教教师除在教育教学的疑难中寻找研究问题外，还可以通过关注社会热点问题来推动研究。作为一个教育工作者，必定会关注某些领域，尤其是大学生就业、职业教育等领域。有了关注就会有思考，有了思考就会去分析问题，然后给出自己对解决问题的见解，这就是课题的来源。

下面举例说明：

1. 大学生就业话题

近期，教育部学生司司长王辉公开披露，2020 年高校毕业生将达到 874 万，再次创下历史最高纪录。根据 2018 年教育统计公报，高校招生总量已经达到 791 万。2019 年，在高职大扩招的背景下，高等学校招生总量则进一步扩大至 900 万左右，高校毕业生在 21 世纪也随之进入一个高速增长的阶段。根据近年来政府工作报告披露的信息，我国每年新增劳动力大约 1300 万，其中城镇新增 1100 万。这就意味着，大学生已经占到城镇新增劳动力的 85%。

就这个话题你有什么想法？是不是可以对现在大学生就业情况开展课题研究？例如，"大学生就业现状及应对策略探析"，当然这个题目有点大，可以加前缀和后缀，缩小范围，加前缀如"高职毕业生的就业现状及应对策略探析"，"×××专业学生就业现状及应对策析"，加后缀如"高职毕业生的就业现状及应对策略探析——以 ×××为例"等。

2. 教学改革话题

教学改革有广义和狭义之分。教学改革，广义上指教育改革，包括一个国家教育制度等方面的改革；狭义上指学校的教学改革，包括教学方法、教学手段、教学模式等方面的改革。教学改革的最新动向是以国务院和教育部文件为主，是自上而下的行动。

素材 1：日前，国务院发布《国家职业教育改革实施方案》（以下简称"职教 20 条"），以"职教 20 条"为引领，坚定了学校办好职业教育的信心，指明了下一步改革发展的方向，奏响了新时代职业教育最强音。各学校积极行动，确保"职教 20 条"的各项政策在学校落到实处、落在深处。

就这个话题，课题的研究方向也就有了，这类课题可拟题为"'双高'背景下高职院校'双师型'教师队伍建设研究""基于'1+X'证书制度的专业人才培养模式创新研究""'双高'建设背景下高职专业群建设研究"等。

素材 2：习近平总书记在全国高校思想政治工作会议上强调，要用好课堂教学这个主渠道，各类课程都要与思想政治理论课同向同行，形成协同效应；要根据每个学校、专业、课程情况展开"课程思政"，构建德智体美劳全面培养的教育体系和高水平人才培养体系。

这类课题可拟题为"'课程思政'在高职院校实践教学中的探索与实践""'课程思政'提升高校思想政治教育实效的路径研究""高职院校课程思想政治教学改革研究"等，也可以把"课程思政"落实到课程教学中，比如"课程思政在×××课程中的实践与探索"等。

3. 突发的社会热点话题

2020 年一场突如其来的新型冠状病毒肺炎传染病改变了全世界人民的生活，这个疫情也留给人民很多思考，浙江省教育科学规划领导小组办公室及时发出浙教科规办〔2020〕6 号文件——《关于开展 2020 年浙江省教育科学规划课题"疫情与教育"专项课题申报工作的通知》。如果你平时是个爱思考的科研新手，就"抗击疫情背景下的学生顶岗实习""抗击疫情背景下的网上教学"等方面都可以展开研究与探讨；也可以站在更高的高度进行研究与探索，如"高校突发公共事件应急管理体系（预案）研究"等选题。

第 12 问

怎样查找与你所设计课题相关的研究资料？

在文献研究法中，有一个环节是文献搜集与整理，其中的文献搜集，就是查找与设计课题相关的研究资料。研究者可以利用常规检索法和跟踪检索法等检索方法，适当运用书目、索引、文摘等检索工具、手工检索和计算机检索等检索方式，获取想要的研究资料。

现在，有一些职业院校购买了部分数据库，有的职教教师可以通过各种途径去用普通高校的数据库，所以文献检索就成了职教教师广泛使用的一种查找与课题相关的研究资料的方式。要通过检索查找课题研究资料，首先应确定课题研究的关键词。如果研究者能够确定关键词，那么直接运用这个关键词及与其相近和相关的几个词作为检索词，去各种数据库（既包括收录报纸文章、期刊论文等"文章"的数据库，也包括收录学术著作、工具书等"书"的数据库，还包括收录专利、引文、会议等相关信息的数据库）中检索就可以了。当然，到外文数据库中检索的时候，还要先确定好与中文关键词对应的外文关键词。如果研究者还不能确定关键词是什么，而对它只有一个模糊的概念，那么就要先圈定几个可能的关键词，然后运用它们去各种数据库中检索文献，对检索来的文献进行消化阅读后，进一步明晰自己所要研究问题的关键词是什么，然后运用它去各种数据库中检索。如果这个关键词跟之前圈定的关键词是一致的，那么就可以把之前搜集的文献复制过来。上述的方法只是常规检索法，运用这样的方法进行检索后，还可以对搜集来的文献中提到的相关文献进行检索，这就是跟踪检索法。通常情况下，这两种检索方法在查找课题研究资料甚至整个课题研究的过程中都是结合使用的。

为了搜集到课题研究所需的充足的研究资料，仅仅只是运用计算机和数据库检索是不够的，教师还要充分运用搜索引擎、万维网等网络途径，以及查找纸质书刊、音频、实物等各种可能的与途径查找与课题研究相关的资料。在搜索和消化阅读的过程中，教师要不断完善课题研究资料库，增进对课题研究问题的认识。

第13问

怎样学习一个项目成果后转换角度设计研究项目？

每个人都懂"机会是留给有准备的人"这句话的含义，但真正要做到就很难，所以作为科研新手应该注重学习，虚心向前辈请教，平时看一些立项的课题，或者期刊发表的论文，都要遵循鲁迅先生的拿来主义，多积累素材，这样在需要时便随手可用。对于科研新手来说，先模仿，后创新，这样就可以做到学习别人的项目成果后转换角度设计自己的研究项目。

1. 模仿学习式

如果你学习的项目是以"×××背景下的课题研究"为题，你就可以结合当地情况，以你的角度开展研究。例如，项目"城镇化背景下失地渔农民居家养老的实现有效途径研究——以×××为例""创新创业背景下高职技术应用型创新性人才培养体系研究""信息化背景下×××课教学研究""基于江海联运国家战略背景下的×××教学的创新研究"等等。

如果你比较注重课程教学改革，可以根据区域经济特点，结合课程内容和学生能力培养展开研究。例如，"中外合作办学背景下高职课堂教学有效性研究——以×××课程为例""关检融合新形势下×××专业课程建设的改革与探索""'1+X证书'视角下教学改革与实践探索——以×××课程为例"等等。

2. 捡漏补缺式

课题研究一般基于某个点展开研究，因此其他方面或多或少存在着空缺，那我们就从这个空缺进行探索。比如，食品专业老师主要对食品保鲜、海洋生物活性物质提取方面进行一些研究，平时经常关注和查阅其他研究人员的研究成果，然后就不同种类的食品采用不同保鲜方法，就不同的海洋生物采用不同方法提取生物活性物质进行探索，从而确定新的课题方向。在教学改革方面，人工智能是最新领域，现有的研究成果较少，如果你们学校刚好有这个专业，那就可以对这方面进行一些研究，如"人工智能背景下的人才培养模式创新探究"等。

第 14 问

怎样把以往科研成果持续深化申报？

怎样把自己以往的科研项目进行持续深化的申报，这是一个非常重要的问题，因为老师的精力有限，平时教学任务也非常重，所以他们在做科研的时候要认真思考一下他们到底适合做什么方面的科研，在此过程中，需要考虑以下3个方面。

1. 建议教师认真考虑并明确自己感兴趣的教科研方向

一个人的精力有限，所以在做科研项目的时候要尽量专注一个项目或者几个项目的大方向去做，跨度不要太大。当然，要结合自己的兴趣爱好。在科研方面，你到底准备在哪一个方向上开展研究？比如，研究职业教育的教学改革，是职业教育理论改革，是职业教育课程改革，还是职业学生心理健康研究？这些都可以研究，结果取决于自己的定位，不要今天做心理学方面的研究，明天又做经济学方面的研究，再加上职业教学改革方面的研究，若具有这样宽泛的研究兴趣，要出成果是比较困难的，所以老师要正确评估自己的实力。

2. 持续深化既有研究兴趣和成果

科研是一个持续的深化过程，有些评审专家非常看重这点。在项目申报书中往往有一栏要求申报者列出研究基础。研究基础指的是申报者以前的研究成果，通过前期研究成果的展示，评审专家就可以了解你在这个方向上已有的积累和基础。即使是一些基本研究成果也会非常容易得到加分。哪怕是所在学校里自己设立的项目或者一个区里的项目，这都是一个非常好的基础。因为做科研就是一个积累的过程。

3. 以往的科研成果持续申报容易出成果

为什么呢？因为以前做过，所以做起来熟门熟路，研究方法、数据处理、统计分析等问题基本上都类似。用句土话来概括就是，你的科研项目最好是会成长的，会变大的。我再回过头举例来说为什么不希望老师们在做科研项目研究时跨度太大。

例：假如现在我是一名职校老师，没有太多的科研资源。科研资源是什么？直白一点讲就是，你可以调动资源的范围。很显然，院长、处长具有比一般老师更多的科研资源，所以他们做科研会比普通老师方便很多。但他们不具有普便性，因此这里主要讲的是普通老师，在权利所限的研究范围内如何申报。作为专业老师，如对学生心理健康研究感兴趣，也就可以调动学生资源去研究。那么我取个研究名称，比如说"我院高职物流专业学生心理压力源与应对策略研究"，很显然，这样的题目申请校内科研项目是非常合适的。

第一阶段的研究结束，你在这个基础上继续，刚才的被试是学校物流专业，现可以拓展至其他专业，如某些文科专业，再研究比较一下文科学生跟理科学生有什么不同。此时可以把题目稍微改写一下，改成"我院文理专业高职学生心理压力源与应对策略研究"，这就成了比较研究，但研究的方法基本和第一个研究课题相同。

对这个研究再进一步深化，邀请省内其他高职院校老师一起参加问卷调查，再把题目改为"我省高职学生心理压力源与应对策略研究"，把"我院"改为"我省"，这样的项目申报到省教育厅或者省教育规划科研协会都是合适的。若再进一步，把问卷调查的对象扩大到全国，邀请另外几个省区市的院校老师一起参加问卷调查，项目题目可以改成"中西部高职学生心理压力源与应对策略研究"，把这样的研究项目报到教育部，甚至全国的教学规划办都可以。当然，若能邀请到日本、韩国的老师一起研究，取个题目叫"中日韩职业专业学生心理压力源与应对策略研究"，这一下子就变成"高大上"的研究项目了。

我们再把刚才的 5 个科研项目题目列一下：

（1）我院高职物流专业学生心理压力源与应对策略研究；

（2）我院文理专业高职学生心理压力源于应对策略研究；

（3）我省高职学生心理压力源与应对策略研究；

（4）中西部高职学生心理压力源与应对策略研究；

（5）中日韩职业专业学生心理压力源与应对策略研究。

像这样一系列研究，整体的思路是一致的，研究方法是一致的，数据的处理统计方法一样，只是问卷的深浅程度不一样，整体的思路概念方法上都是相类似的。这样一个问题，持续做下去，便有了 5 个项目，第一个是针对我院物流专业的，第二个是我院文理专业，第三个是我省，第四个是中西部，第五个是中日韩，我相信再做下去，成果必会非常丰富。

第15问

一个好的科研项目应具备的几个特点

1. 选题必须有价值

一个好的科研项目首先要有价值，这是关键。如何衡量选定课题有无意义及意义的大小，主要看两个基本方面：一是所选择的研究课题是否符合目前社会发展的需要，是否是正能量的，这就是课题要具有重要的应用价值，从实际出发，针对性要强；二是所选择的研究课题满足教科研发展的需要，具有重要的学术价值，前者强调应用价值，后者强调学术价值，有的二者兼而有之。但无论哪一种，都要选择那些最有意义的教育问题作为研究对象。

当然，我们对选定课题的价值不应做片面的理解，不能以一个课题在研究中的成败来判定它的意义。科学研究本身就是一个探索的过程，研究工作也允许失败，研究失败本身也是一个成果。但不管怎么说，研究的选题要有实际价值，而不是空洞的说教。

2. 选题必须有科学的现实性

现实性是指有实际意义。选题的现实性，集中表现为选定的课题要有科学性、指导思想，以及目的明确，立论根据充实、合理。选题的科学性，首先表现为要有一定的事实依据，这就是选题的实践基础。研究课题是从实践中产生的，具有很强的针对性；实践经验同时又为课题的形成提供一定的、确定的依据。选题的科学性，还表现在以教育科学基本原理为依据，这是选题的理论基础。

教育科学理论将对选题起到定向、规范、选择和解释的作用。没有一定的科学理论依据，选定的课题必然起点低、盲目性大。我们应该看到，选题的实践基础和理论基础制约着选题的全过程，影响着选题的方向和水平。为了保证选题有科学的现实性，还需要对选定的课题进行充分论证。

如针对2020年春节期间在我国出现的新型冠状病毒疫情，浙江省教育科学规划领导小组办公室及时推出了"疫情与教育"专项课题申报工作，要求申报主题仅限于疫情发生以来，学校教育面临的问题与对策研究，引导教科研人员在选题上突出教育系统抗击疫情的背景，注重问题的真实性和代表性。其中，部分课题成果如"高职生应对重大疫情能力的培养困境与疏解策略研究"（编号：2020YQJY600）的项目成果获国务院副总理孙春兰同志批示。课题"基于'抗疫'背景做好大学生爱国主义教育的路径研究"（编号：2020YQJY061）的项目成果获全国政协副主席邵鸿同志和浙江省委副书记郑栅洁同志肯定性批示。这些项目设计的特点是具有非常明显的科学的现实性。

3. 选题必须具体明确

确定的选题要让评审专家一眼就能看懂你想研究什么，研究成果有什么意义。所以选定的选题一定要具体化，界限要清，范围宜小，不能太笼统。课题是否具体适度，往往影响全局的成败。那种大而空、笼统模糊、针对性不强的课题往往科学性差。只有对选题有清晰透彻的了解，才能精准把握选题内涵，因此不宜把课题选得太宽、太大、太复杂。

4. 选题要新颖，有独创性

选题要具有新的特征，有新意和时代感，符合目前研究的主流，如目前职教领域关心的产教融合、课程思政、"1+X"应用等，选定的选题应是目前未能解决或尚未完全解决的问题。

要做到选题新颖，就要把研究课题的选择放在总结和发展过去有关学科领域的实践成果和理论思想的基础上，没有这个基础，任何新发展、新突破都是不可能的。我们应该看到，科学上的任何重大成果，几乎都是科学工作者在前人、别人工作成就的基础上一步步取得的，即使是被认为非常新的、第一次开辟的领域，也仍然是由以前同时代的人的工作提供了条件。因此，要通过广泛深入地查阅文献资料和调查，搞清所要研究的课题在当前国内外已达到的水平和已取得的成果，要了解是否有学者已经或者正在或者将要研究类似的问题。如果要选择同一问题作为研究课题，就要对已有工作进行认真审视，从理论本身的完全性、从研究方法的科学性高度进行评判性分析，并在此基础上，重新确定自己研究的着眼点。也只有在原有研究成果基础上的突破和创新，才具有进一步研究的意义。

5. 选题要有可行性

可行性是指申报人具有完成的能力，这就要与申请人的科研资源相吻合，有些选题题目很好，但不具备条件就不能被批准。比如，一个职业院校人力资源系的教师申请一个省部级领导胜任能力的项目，他的研究对象是省部级领导，很显然，他不具备这样的研究条件，这样的项目只适合中央组织部来开展研究。所谓可行性，指的是选题是能被研究的，存在现实可能性。具体有：

（1）客观条件，除必要的资料、设备、时间、经费、技术、人力等条件外，还有具体研究成果应用的可能性。有的选题，看起来似乎是从教育发展的需要出发的，但由于不符合现实生活实际，违背了基本的科学原理，也就没有实现的可能，如人体的克隆技术方面的研究需要符合伦理学规范要求，否则将被禁止。

（2）主观条件。指项目申报者本人原有知识、能力、基础、经验、专长，所掌握的有关这个课题的材料及对此课题的兴趣。也就是说，申报人要权衡自己的条件，选择能发挥自己优势特长的课题。有的人擅长实践操作，就不一定要选理论研究课题。而在一个课题协作研究组当中，不同特长的人优势互补，才能真正发挥出整体研究效益。对于刚开始科研工作的科研人员，最好选择那些本人考虑长久、兴趣最大的课题。而在教育第一线从事实践工作的教师，最好选择小而实的选题。自己提出的研究问题，更容易激发信心和责任感，更容易发挥自身的创造性。总之，知自己之短长，扬长避短，才能尽快出成果。

（3）时机问题。有些项目根据社会发展的时机来开展，如针对2020年春节爆发的新型冠状病毒疫情，浙江省教育科学规划领导小组办公室及时组织2020年全省教育科学规划"疫情与教育"专项课题申报工作，这是一个临时性设置的专项科研项目工作，只有围绕着"疫情与教育"去设计相关项目才是合适的。

在职教领域教科研项目申报中，选题不当的情况有5种：一是范围太大，无从下手；二是主攻方向不清楚；三是问题太小，范围太窄，意义不大；四是在现有的条件下开展课题太难，资料缺乏；五是纯为经验感想之谈，不是科研题目。因此，正确选题并非一蹴而就，它要求研究者不仅要基于科学的教育理论，还要坚持唯物主义观点，从实际出发，通过对事实材料的分析比较，发现和抓住重要问题；不仅要把握该领域理论研究的全局，还要对教育实际有深入的了解；不仅要有问题意识，还要了解和掌握选题的有关知识和方法，不断提高自己的选题能力和创新、判断、评价等综合能力。

怎样在怀疑和批判的思考中设计研究项目？

在研究中，我们需要站在巨人的肩膀上，并对给我们提供"肩膀"的前人、他人表示敬意和谢意。所以我们要经常阅读前辈的科研成果，但更重要的是，我们要学会担当比前人、他人站得更高、看得更远的责任，具有站得更高、看得更远的勇气，勇于创新，敢于超越，敢于研究具有挑战性的问题，继往开来。怎样在怀疑和批判的思考中设计研究项目？可以从 3 个方面来思考。

1. 要从怀疑和批判的角度来审视前人的成果

要发现问题就不能没有怀疑和批判，怀疑是获得研究问题的最简便、最常用的思维策略。怀疑是对事物合理性的重新思考，这样可以在原以为没有问题的地方发现新的问题。怀疑不仅可以帮助我们指向在实践中存在的问题，而且可以帮助我们指向耳熟能详、习以为常的观念和做法。

实例 1-1：设计研究项目

一年级学生抄写生字 4 遍与 8 遍的效果比较试验

金蕴玉　冯　健

减轻学生负担，提高学习质量是近几年来中小学生家长和教师普遍关心和迫切要求解决的问题。

学生的学习负担往往表现为作业过量，有的刚入学的一年级小学生就有大量作业要做，造成其有沉重的思想负担和学习负担。针对一年级学生，努力改进生字教法、提高课堂教学质量后作业量是否也能相应减少呢？最近我们就抄写生字 4 遍与 8 遍的效果做了一次比较试验以探求这个问题的正确答案。

实验采用轮组法，在高安路一小一年级（1）班进行，该班有学生 50 名，在学完汉语拼音单元后将学生平均分为甲乙两组，每组均包括好、中、差 3 类学生。整个实验分成两阶段，每两星期为一阶段。第一阶段：甲组学生回家抄写生字 4 遍，乙组抄写 8 遍，两周后默写测验。第二阶段：甲组学生回家抄写生字 8 遍，乙组学生抄写 4 遍，两周后默写测验。

我们将甲、乙两组学生的两次测验成绩列入表 1-2 中。

表 1-2　甲、乙两组学生两次测验成绩比较情况

	第一次测验		第二次测验	
	甲组（4 遍）	乙组（8 遍）	甲组（8 遍）	乙组（4 遍）
平均数 X	99	98	97	96.5
标准差 S	1.63	2.96	3.28	5.28
差异系数 CV	0.02	0.03	0.03	0.05

从表 1-2 可以看出，甲、乙两组学生平均成绩差异系数接近，说明两组学生的测验成绩内部差异情况相似。经检验，无论是第一次测验还是第二次测验，甲、乙两组平均成绩的差异均无显著性。

我们又将甲、乙两组学生两次测验分数化为标准分数，用抄写 4 遍的成绩减去抄写 8 遍的成绩，经符号检验法检验，结果是当显著性水平为 0.05 时，无论是甲组还是乙组，成绩的差别都不显著。

以上结果说明：

（1）抄写生字4遍和8遍两种方法的效果比较差异是不显著的。如果教师在课堂教学中注意从学生实际出发，改进教学方法，通过帮助学生掌握学习汉字的规律来提高学生学习的积极性。在此基础上，学生抄写生字适量即可。这样既减轻了学生负担，又达到巩固生字的目的。从实验中还可看出，学生抄写4遍的字迹要比抄写8遍端正得多。

（2）减轻学生负担是以改进教学方法为基础的。我们曾在试验时，用同样内容对外区一所小学的49名一年级学生做了测验，该校学生抄写生字量一般是16—24遍，但巩固程度低于高安路一小（测验的平均成绩为91分，差异系数为0.15，这说明采用以量代质、以量取胜的学习方法是不能达到预期效果的）。

2. 怀疑是创新和研究的基础

研究中没有怀疑就没有创新，所以项目设计时需要有怀疑的态度。

为了提高怀疑的质量，还需要学习怀疑的方法，从而做到有根据有条理地怀疑。从有根据地怀疑看，笔者认为，证据主要来自两个方面：一是，实际效果不理想时，我们应该对现有的做法和理论进行怀疑；二是，当发现新的事实与既有认识和理论发生冲突，或者不一致的时候，我们可以怀疑既有的认识和理论。从有条理地怀疑看，证据既要有坚实的实践基础和理论基础，也要有合乎逻辑的推断。逻辑是检验理论合理性的工具，当我们发觉某种理论、观点不符合逻辑时，那就可以对此展开怀疑。

第 17 问

设计科研项目时如何评估自己承担课题的能力？

设计科研项目时如何评估自己承担课题的能力？这个问题在我们开始科研项目设计的时候就需要认真考虑，有些科研项目的构思非常好，创意也不错，但项目执行人的能力可能不足以完成该项目。因此老师们需要注意的是，不要去申请即使批准也不能完成的科研项目。

另外，开展科研工作时需要考虑教师的个人条件、学校环境条件及社会条件，做科研需要勇气、理想与智慧，也要在力所能及的范围内有所为。研究问题的难易程度、范围幅度、选择方法都离不开上述条件的限制与支撑。

1. 在申报项目前要好好审视自己所在学校的科研条件

科研条件是一个非常综合性的话题。比如，高职学院的院长，或者一个分院的院长，他们占有了比其他普通老师更多的科研资源。因为他们有很多资源，他们要完成一个问卷调查，配合的人很多，他们有比较好的工作关系、社会关系，但作为一名普通教师去申报一个科研项目，即使科研设计做得很好，但在实际研究进行中还是会遇到很多麻烦。所以在一些中职学校，很多科研项目基本上都是由校长等一些主要领导牵头做的，这就是科研条件。尽管这样的现象不好，校长的事务性工作很忙，根本没有时间顾及科研项目研究，但校长挂了项目研究的负责人，很多事情就会迎刃而解，这是客观存在的一种现象。

2. 申报者个人开展科研工作的条件

申报者个人的学科背景、知识基础、研究兴趣、研究时间决定自身研究问题的范围及难度，同时自身个性也决定他们能否使用正确的研究方法。如不善交往、性格内向的教师，选择深度访谈的方法进行研究会受到很大限制。个人条件与"能力所及"有相似之处，但研究能力不能完全替代研究条件。个人条件往往因为"集体"规定或地域特点而受到限制，如研究时间可以争取，但不能完全由自己支配。在有科研兴校传统的学校中，可能对教师做课题有一定的制度保障，教师做科研的时间也相对会充裕些。

3. 学校支持教师开展科研活动的环境条件

学校环境条件主要包括学校科研经费、科研设备（如电脑、统计分析软件）、文献资料（图书、杂志、电子图书）、协作力量（科研团队）、科研制度、办学思想（如是否推崇科研兴校）等方面。确定课题前，教师应充分考虑到学校环境条件与个人条件是否相辅相成。虽然个人受环境的制约，但个人也可能影响学校环境。所以，教师在确定研究问题时，需要因校制宜。

4. 开展科研工作的社会条件

学校周边社区、大学及研究机构、专家团队、社会舆论、地方教育科研政策等因素，都是教师做科研时需要考虑的。社会条件对课题开发影响很大，如周边有高校及科研院所，教师便很容易组成科研顾问团队，容易组织小型学术会议，方便获取研究资料，同时可以根据这些条件，适当调整研究问题的范围、难度、时间等。

第18问

课题研究选题上要注意哪些问题？

1. 立足点问题

作为职业教育工作者，选题上要立足于职业教育，以立德树人、工匠精神培育，深化产教融合、校企合作，全面提高人才培养质量为根本目标，坚持"立足教学实践、服务人才培养、突出改革创新"的原则，着重解决人才培养过程中的实际问题。因此选题应充分体现《国家职业教育改革实施方案》的要求，重点从立德树人、产教融合、校企合作、现代学徒制、中高职一体化、师资队伍建设、"1+X"证书试点、高水平学校与专业建设、三教改革、教学诊断与改进、信息化建设等方面进行选择。如果一个职业教育工作者选择一个与普通中小学相关的课题进行研究，其效果或者有效性、可操作性肯定值得商榷。

2. 大小适中的问题

科学研究有宏观、中观与微观之分，选题宜小忌大是因为教师从事的工作属于教育微观领域的教学工作，其价值主要表现为提高教学质量和实现教学相长两个方面。因此教师们在平时要注意积累教育教学中的小问题，了解这些问题是怎么解决的，有没有可能寻找到一些理论支持，然后记下这些体会、思考和总结。若下次再遇到类似问题，教师们可以尝试按照上次方法进行处理，再进行记录和对比。最后再经过梳理和提炼，就可以形成一个非常好的小课题。在对小课题研究的过程中，还可能发现"大"问题，继续进行思考、记录和反思，解决"大"问题的过程中，也就产生了"大"课题。

3. 有效创新的问题

课题研究选定的问题应是同行或者前人没有解决或没有完全解决的问题。因此，它必然要求有创新，有新意，有独到之处，并且有时代性。如近期温岭市职业技术学校老师选用的"基于疫情背景下中职开放课堂线上教学实践研究"和浙江商业职业技术学院李振华老师负责的"高水平高职院校应对重大疫情的线上教育生态构建策略"等研究课题。因此，教师要通过广泛深入地查阅文献资料和调查，搞清所要研究课题在当前国内外已达到的水平和已取得的成果，要了解是否有人已经或者将要研究类似的问题。

4. 引文注释与参考文献的问题

参考文献在一定程度上也能反映出研究者的视野与底蕴，故要在课题研究方案末尾列出参考文献（要注意其格式）。在研究报告中所引用的或者提到的资料注明其出处来源，这既是对他人研究成果的尊重，也为读者查找文献提供方便，如参考的文献在数十种以上，则选择最主要的写。

三、写申报书

（怎么写科研申报书）

第 19 问

怎样高质量完成一个项目申报书的编制工作？

1. 研读申报文件

首先，明确课题文件发布的时间。相关部门每年都会在相对固定的时间发布相关文件。

其次，研究文件中对于课题的相关要求，特别是对于主持或执笔者的规定要明确。

最后，设计好课题研究方案。课题研究方案要求包括以下内容：

（1）选题：本课题国内外研究现状述评及选题的意义。

（2）内容：本课题研究的基本思路、主要内容、研究路径和重点难点分析。

（3）预期价值：本课题理论创新程度或实际价值，成果可能去向。

（4）前期准备：为本课题研究已做的前期准备工作（已收集的数据，进行的调查研究，完成的部分初稿等），课题负责人已有与本课题相关的研究成果和参考文献。

方案应该严格按此格式撰写。

2. 认真填写申报书

（1）仔细阅读申报书的填写说明，了解申报书的填写要求。

（2）严格按照申报书的要求规范填写，研究方案按规范要求设计，字体格式按统一要求，字数按规定控制，课题组成员一般不超过5人（含课题负责人）。

（3）负责人签名、填写所在单位申报意见及盖章。

3. 优化课题研究方案

（1）课题方案撰写质量的好坏，关系到项目是否能立项，下一步工作是否能顺利开展。课题方案是研究的蓝图，需要不断优化，必要时可以邀请相关专家指导。

（2）一个好的课题设计，应该对问题分析、研究目标、研究思路、研究内容、实践路径等各方面都有合理、充分和明确的论证或设想，厘清彼此之间的逻辑关系，并综合为一个具有内在结构的整体。最终形成的课题研究方案，要既能体现执行的坚定性，又能允许根据实际情况做出必要的修改和完善。

第 20 问

怎样确定选题的研究价值？

选题的研究价值可以分为社会价值、学术价值和实践价值3类。

1. 社会价值

社会价值是指从国家层面去思考选题的价值，要学会用战略思维、宏观视野和全局观念去准确捕捉微观问题，同时善于把微观问题提高到宏观高度，以小见大，反映国家意识与社会需求，供区域乃至国家经济建设与社会发展参谋与借鉴。其具体表现为政治意义、战略意义、国家利益、文化作用和经济发展等。

2. 学术价值

学术价值是指具有科学意义，即对学科发展有奠基作用，对解决重大理论问题有推动作用，对思想的解放具有催生作用。其具体表现为科学价值、学科价值、理论价值、思想价值和方法论价值等。

3. 实践价值

实践价值是指能解决现实问题，能活用理论于实践，能产生新的方法与技术，能指导实践顺利开展等。其具体表现为应用价值、实践意义、经济效益、战术作用和实用价值等。

选题价值的来源有两个：一是历史分析，二是未来预测。前者是指通过对已有文献及其得失进行全面、准确、深入、具体和简明的述评，自然导出选题的社会价值、学理价值和实践价值；对已有文献的述评决定价值的续写。后者是指对未来研究价值的预测，它来自项目申请书的总体框架，在写这一部分的价值时应防止空泛、自吹自擂。

选题价值的阐述应立意高、写得实。立意高是指选题价值要深刻，要"高大上"。为此，申请人应突出本课题与已有研究的区别与优势，向政治意义、战略意义、国家利益、文化作用、经济发展、科学价值、学科价值、理论价值和方法论价值等方面提升，彰显申请人的科研"特区"对时运国策、科学进步和学科发展的贡献。写得实是指选题价值要管用，要接地气。为此，申请人应厘清本课题与经济建设、现实条件、实践操作的横向联系，对思想价值、应用价值、实践意义、经济效益、战术作用和实用价值等方面进行挖掘，彰显本课题满足现实需求、解决实际问题的各种作用。

第21问

申报书中项目研究人员（团队）的构成有何要求？
需要注意什么？

填写科研项目申报书时，其中除一栏填写项目负责人的基本情况外，还有一栏要填写其他主要成员的信息，如表1-3所示：

表1-3 项目申报书模板

项目负责人	姓名		出生年月		研究方向	
	职称		职务		学历	
	工作单位					
	电子邮箱				手机号码	
项目组主要成员	姓名	职称	学位	专业	工作单位	承担任务	本人签名

针对表 1-3，不同项目设立单位的要求会有一些不一样，但基本一致，主要是反映申报项目者开展科研工作的团队力量。

1. 项目组人数

项目组人数一般以 3—5 人为妥，上述表样包括项目负责人也就 6 人，建议大家不要为增加人数而轻易改变表样，有些科研项目管理规定中对科研团队的人数也有规定，如《××省教育厅项目科学研究项目管理办法》第七条申报条件第 1 项明确规定："项目研究人员应组成项目组，项目组成员一般为 3—10 人，人员结构合理，研究时间能够得到保证。"即人员组成不能少于 3 人，如果只有两人就申报了，不能通过形式审查，也就不能参与正式立项评审。

像这样在管理规定中明确了人数，请项目申报负责人按照规定来组建团队。

2. 人员信息

人员信息指其他主要研究人员的个人信息，包括"姓名""职称""学位""专业""工作单位""承担任务""本人签名"等，每一栏都要如实填写。

3. 人员职称

有些项目申报书的项目负责人是硕士/讲师，是科研工作的"小白"，但课题组其他研究人员都是博士/教授，这样不是很妥，一个科研小白来领导高资历的专家开展项目研究，可以说是为了培育年轻人，但总感觉不妥，建议团队中有高职称的专家来支撑项目，但更需要一些和申报人学术地位比较相称的人作为成员。所以，申报项目的负责人要注意如实填写所组织的研究成员的信息，同时要注意各成员分工及年龄职称专业搭配的合理性，如成员中有较高知名度的专家学者参与或指导，更能使评审者对项目立项产生信心。

4. 人员签名

对于人员签名要着重指出，常常有申报书参与人不签名，或者申报负责人未得到参与人同意私自签名的情况。如果同时被几个人挂了名字，当事人自己想申报就困难了，并且一旦出现矛盾会很麻烦，所以，不能代签名。同时，这也是一种责任，说明你已经答应参加这个项目的研究团队，到处挂名或者未经本人同意就直接挂名都是不可取的。

5. 人员单位

有些职教类科研项目与生产现场的结合非常紧密，因此鼓励学校和生产单位合作进行研究，当然，一个项目团队 5 个人中，有 3 个是其他单位的，这样就不合适了。原则上，研究团队以本单位为主，其他单位为辅。

第22问

在组织研究人员时，如何把将来的课题成果分享和研究经费划分一并考虑？

在编制项目申报书时，项目负责人就需要规划将来成果的分配问题。从目前职教科研项目成果来看，不出成果或者出了小成果，问题都不大，因为成果没有实际意义；但若出了大成果，甚至非常大的成果，就会很麻烦。原因是事先没有进行过规划和约定，包括科研经费也是如此，虽然职教类科研项目往往没有经费资助，即使作为鼓励学校也只是批一笔数额较小的经费。但研发类科研项目的经费有几百万元甚至几千万元，就应该经过事先规划和协商，最好用文字形式固定下来，不然会为日后知识产权的分配和经费的划分埋下纠纷的种子。

随着职教老师科研成果含金量的提升，知识产权纠纷也随之产生，甚至部分老师为了各自的权益而对簿公堂。在市场经济条件下，我们应当加强法制观念，以正确的态度对待和处理这类纠纷，才能有效地保护知识产权，使合法权益不受侵犯，进而调动各方科研工作的积极性。下面介绍在科研成果管理过程中出现知识产权争议的几种情况。

1. 科技成果署名权的争议

署名是确认作者身份的重要依据。署名权是指作者为表明自己的身份，在作品中注明其姓名或名称的权利。这类争议一般发生在成果鉴定、论文发表、论著出版和申报奖励等环节，因署名排列次序先后而引起。因此项目负责人要事先明确署名权的各项事宜。

2. 个人署名顺序的争议

一项大的科研项目的完成，需要依靠课题组全体成员的共同努力和集体公关，以及相关单位的协作、支持，这里面凝结着许多人的心血。当这个研究项目一旦取得重大进展或突破时，再考虑申请鉴定、申报专利或奖励时，项目负责人对于成果的署名很可能不是根据相关人员在该项目研究中的贡献大小进行定量评估来定位，而往往是以口头协议或"长官意志"来行事，这严重挫伤了一部分科研人员的积极性，于是出现了对署名顺序先后的争议，甚至诉求知识产权主管部门和人民法院解决，弄得不可收拾。

3. 著作署名权的争议

这种争议主要表现在两人以上合作创作的作品中，其著作权应由合作作者共同享有。构成合作作品应具有主客观两方面要素：一是主观上要有共同创作的意图，即两人或两人以上的作者对共同创作作品的行为及后果有明确的认识和一致的意思表示；二是客观上要有共同创作的行为。凡是没有参加创作的人，不能成为合作作者。每个合作作者都是作品的创造者，都享有在作品上署名的权利，都有权决定署名的方式和顺序。但事实上，有的人对与他人共同完成的著作、论文、调研报告等成果在未与其他著作权人共同协商的情况下，擅自全部或部分不署其他合作者的姓名。而与此相反，有的提供查找资料、抄稿和校对稿子等一般性劳动而未参与实质性科研的人却在作品中署名；还有的人与完成的成果无任何关系，结果也是"榜上有名"，由此导致大量的署名争议案发生。

4. 科技成果归属权的争议

科技成果归属权的问题是知识产权法的一个核心问题。由于各种类型成果的特点不同，决定了知识产权的归属也会出现不同的情况。只有明确了科技成果的归属权，才谈得上对知识产权的利用和保护。

5. 发生知识产权署名纠纷的原因分析

（1）随着科学技术水平的提高，一个课题组的研究需要多个学科，甚至多单位的协作才能完成，因此参加人员逐渐增多。

（2）各级政府和部门对获奖成果主要完成人提供了很多精神和物质奖励，科研成果的作用就更加明显。

（3）随着市场经济的发展，人们法制观念越来越强，不可避免地会在得不到权益时提出异议。

（4）科研协作者因工作需要被调离后，被原课题负责人在成果申报时忽略。

（5）个人名利思想，夸大个人贡献。

署名纠纷主要发生在科研成果的完成者中，包括课题负责人（课题申请人）、课题思路设计人、参加课题的研究及实验人员（含协作者、因工作需要调离者、原始资料持有者）和资料总结人。

6. 知识产权署名次序的一般确定方法

学校科研部门在排定成果署名次序时有不同的方法，但只有严格遵循国际和我国有关规定，才能防止纠纷的发生。

（1）目前课题基本上属于申请人负责制，课题主要申请人在某种程序上可以与课题负责人等同，这部分人要承担课题成功或失败的责任，并要对整个课题各方面因素（人员、条件、经费、协作关系等）进行处理。因此这类人在署名中占有较前的位置。

（2）一个课题的研究水平高低、进展如何、预期结果都与研究思路、设计者有直接关系，设计者在研究中占有重要位置，他们往往是课题负责人（申请人）或指导人，应在成果署名中排在较前的位置。

（3）针对研究及实验人员和资料总结者，需视他们在科研中的实际贡献确定他们的署名问题。

第23问

申报书中项目经费计划编制时有什么要求和技巧？

项目研究经费的合理有效使用是提高项目研究绩效、推动项目研究顺利开展的保障。申报人在编制项目经费预算前，应仔细研读相关科研项目的经费管理文件，了解项目经费的列支范围和要求；应从项目研究实际需求出发，认真、科学、合理地编制经费预算。

根据《国家社会科学基金项目资金管理办法》《高等学校哲学社会科学繁荣计划专项资金管理办法》《浙江省哲学社会科学专项资金管理办法》等科研项目经费管理规定，社科类科研项目经费主要包括以下两个部分：

1. 直接经费

直接经费为在项目实施过程中发生的与之直接相关的费用。列支范围主要是：①资料费。在项目研究过程中需要支付的图书（包括外文图书）购置费，资料收集、整理、复印费，翻拍费，翻译费，专用软件购买费，文献检索费等。②数据采集费。在项目研究过程中发生的调查、访谈、数据购买、数据分析及相应技术服务购买等支出的费用。③会议／差旅／国际合作交流费。在项目研究开发过程中发生的差旅费、会议费和国际合作交流费。④设备费。在项目实施过程中购置或试制专用仪器设备，对现有仪器设备进行升级改造，以及租赁使用外单位仪器设备而发生的费用。⑤专家咨询费。在项目实施过程中支付给临时聘请的咨询专家的费用。⑥劳务费。在项目实施过程中支付给参与项目的研究生、博士后、访问学者及聘用的研究人员、科研辅助人员等的劳务性费用。⑦印刷出版费。在项目研究过程中支付的打印费、印刷费及阶段性成果出版费等。⑧其他支出。在项目实施过程中除上述支出范围之外的其他相关支出。

2. 间接费用

承担单位在组织实施项目过程中发生的无法在直接费用中列支的相关费用，主要包括：承担单位为项目研究提供的房屋，日常水、电、气、暖消耗，有关管理费用的补助支出，以及在公开竞争研发类项目中用于激励科研人员的绩效支出等。

在经费预算编制时，应注意以下 5 点：

（1）社科类项目的直接费用的各项列支科目一般不设比例限制，由项目负责人据实编制。间接经费一般按不高于项目资助全额的 30% 核定，项目主管单位有特殊规定的按规定比例执行。对于间接费用中管理费和绩效支出的分配比例，各项目承担单位一般有具体规定，在编制预算时应提前了解并参照执行。

（2）专家咨询费不得支付给参与项目及与管理相关的工作人员。在编制专家咨询费预算时，应执行规定的支付标准，如浙江省哲学社会科学专项中规定，高级专业技术职称人员的专家咨询费标准为1500—2400元/人天（税后），其他专业人员的专家咨询费标准为900—1500元/人天（税后），院士、全国知名专家，可按照高级专业技术职称人员的专家咨询费标准上浮50%执行。

（3）劳务费支出对象有明确规定，在经费预算编制时应根据项目研究的实际需求确定是否列支及列支比例。

（4）设备要和办公用品区别开来，一般来说，计算机、打印机、复印机、数码相机、扫描仪及其耗材等属于设备，笔墨、纸张、文件夹等属于办公用品。

（5）其他支出一般包括笔墨纸张等办公用品费、邮寄费、通信费、互联网服务费等支出，在填报项目预算时单独列示、单独核定。

第24问

怎样写好项目申报书中国内外研究现状（文献综述）？

一、研究现状的描述

研究现状既要介绍国外动态，也要介绍国内研究情况，国内情况应该包括申请者的研究工作。申报者在综述国内外现状、趋势和存在的问题后，引出研究的切入点。

例如，课题"马齿苋抗氧化泡腾片的研制"的申报书中，申报者在描述研究现状时，先讲述了国内外许多学者研究了马齿苋多糖的药理作用，主要包括消炎、抗菌、抗肿瘤、抗氧化、抗衰老、防治糖尿病与调节免疫功能等作用。同时，众多学者对马齿苋多糖的提取方法也进行了大量研究，李香（2013年）研究了黔产不同产地马齿苋多糖的含量；皮小芳（2012年）研究了贮存时间及温度对马齿苋多糖体外抗氧化活性的影响；曲晓兰（2006年）研究了泰山野生马齿苋不同采收期（在7月1日—10月1日）的多糖含量，发现9月上旬马齿苋中多糖含量最高。而马齿苋多糖的提取方式对其抗氧化活性的影响还鲜为人知。接着申请者讲述已有的相关研究："申请者研究了马齿苋不同溶剂提取物对植物油的抗氧化作用，在50℃±0.5℃恒温9天后，马齿苋不同溶剂提取物对植物油都有良好的抗氧化作用，且抗氧化性都好于维生素E，抗氧化活性由强到弱的顺序为多糖＞醇提物＞丙酮提物＞水提物＞VE。马齿苋多糖具有杀菌和抗氧化性，其抗氧化作用与马齿苋多糖的含量、贮存时间及温度有关，而马齿苋多糖的提取方式对其抗氧化活性的影响还鲜为人知。"马齿苋主要抗氧化活性成分有多糖、黄酮、酚类等，该研究要用哪种抗氧化成分？由此引出问题。那么对马齿苋抗氧化泡腾片的研制有没有人研究过？接下来进一步讲述："目前市场上已有马齿苋保健饮料、马齿苋营养保健片、马齿苋软罐头、马齿苋粉、马齿苋饼干等产品。欧美国家已开发出马齿苋色拉、马齿苋三明治、马齿苋酱等产品，但以马齿苋的抗氧化性为指标的泡腾片的研制至今未见报道。"这表明申请者要进行用马齿苋多糖制备抗氧化泡腾片的研究。

二、撰写要点

1. 瞄准前沿

为什么要瞄准国际前沿做研究？国际前沿阵地代表着国际学术研究的主流，代表着当前的研究热点和趋势。我们要跟踪主流的问题，跟踪一流的研究，才有可能出一流的成果。多数情况下，跟踪一流的研究，可能只做出二流或三流的成果。但查阅垃圾论文，出的结果肯定是垃圾。国际前沿阵地每年都会提出一些新的问题，跟踪这些新的问题更有可能做出高水平的成果。

国际前沿阵地在哪？大多数学者认为高影响因子 SCI 论文代表着某学科的前沿阵地，以及国际一流学术会议。要准确把握那些具有权威性的研究特点，已有科研成果存在什么不足需要突破和创新，挑战权威重在尊重前人，顺乎逻辑发展促进学术创新，才能彰显学术人格。

2. 思路清晰

在进行文献综述时要综述和分析针对拟开展研究的科学问题的研究现状，而不是笼统地堆砌和罗列已有文献。较清晰的综合书写格式如：

目前国际上对……的研究主要集中在以下几个方面，或主要有以下几种观点：①……；②……。

而目前新了解的一些现象和数据……。

前人的前期研究，虽然有诸多成果发表，但经分析可以看到许多问题仍未解决。

观察现象和数据之间的冲突多有存在……，还有一些现象是过去没有发现的……故有赖于对新设研究项目的探讨。

3. 附参考文献

文后要附以高水平的英文杂志和国内核心期刊为主的参考文献。参考文献数量要达到30篇以上，都是近3年内的，一年以内的占1/3左右。

第 25 问

项目申报书中列出参考文献时对数量和质量方面有什么要求？

在项目申报书中列参考文献时对数量的要求一般来说是比较明确的，有的要求 10 条，有的要求 20 条，但不管要求多少条，申报者按照要求列出相应数量的参考文献就可以了（理论上来说，列出的数量可以少于要求的数量，因为有些研究课题可能没有那么多可供参考的文献，但是实际上最好不要少列，即使没有直接相关的，间接关联的参考文献也可以）。

在项目申报书中列出参考文献时对质量一般不会有明确的要求，全凭申报者自己把握，当然也不是全无规则可循。有的项目评审专家（黄忠廉，2017）就指出，在人文社科类项目申报书中，文献列举应遵循七大原则：一是内外兼顾原则。不能只有中文文献，或者绝大多数都是中文文献。因为如果中文文献过多、外文文献过少，表明只掌握了国内现状，而对国际现状掌握不够。所以一般情况下，中外文参考文献都要有，可中文文献多一点外文文献少一点。如果是国际项目，或者是带外国性质的选题，也可以外文文献多于中文文献。二是生熟兼顾原则。在中文文献和外文文献都有的情况下，宜把中文文献放在外文文献的前面。三是新旧兼顾原则。要有业界熟知的作者，也要有新面孔。文献力求新，若有上一年冬季或本年以来的文献最好。一般是新多于旧，旧的多是经典文献或基础性文献，同一文献用新版舍旧版。四是书文兼顾原则。文献中既要有"书"（著作）也要有"文"（文章，不仅仅限于论文），一般是"书"少"文"多，也可据实情而改变。文献的排列一般是"书"在前"文"在后，如果文章极为重要，也可以"文"在前"书"在后，整体排序。五是少长兼顾原则。既要有年长作者的文献，这些一般是权威文献，能反映厚积薄发之功；也要有年少作者的文献，他们代表新的学术力量。六是对应综述原则。列举文献时应与综述相对应，综述所涉及文献要多于参考文献，综述谈及的代表人物的重要文献参考文献中应有，综述中每个观点的首位作者一般应在参考文献中出现。七是轻重兼顾原则。按文献的重要性排序，重要文献在前，所以"书"前"文"后是常态。在"书"与"文"两类文献中，也应该按照重要性进行排序。

第 26 问

怎样编写申报书中的主要研究内容？

很显然，主要研究内容是申报书的关键所在，评审专家也特别关注这块内容。研究内容其实是对"我要研究的具体内容有哪些？这些内容之间的逻辑关系是什么？"等问题的回答。说白了，其实也就是要呈现研究的总体框架。

关于总体框架的写作，要注意 3 点：①有哪些内容，就列出哪些内容；②注意内容之间的层次和逻辑，它们是一个有机的整体，应该围绕着研究选题，形成合力来支撑研究选题；③不宜太少，也不宜太多，以 5 项左右为宜。太少的话恐怕撑不住我们的研究选题，但也不能太多，10 项到 20 项可能就有点多了，最好控制在 5 项左右。

项目申报书的主要研究内容往往和研究目标及拟解决的关键问题列在一起说明，下面先介绍主要研究内容和研究目标及拟解决的关键问题等之间的区别。

主要研究内容是指本课题所要完成的研究工作包括哪些；

技术难点是课题中可能遇到的"障碍"。

创新点和技术难点完全不同，创新点是课题"独特"的地方，不一定难。比如，你灵机一动，突然有一个想法，很有意义，但其他人没有想到，就算很容易做到，也是创新点。

技术路线主要描述怎么去完成你的研究内容，使用什么方法等。技术路线是"怎么做"，研究内容是"做什么"，二者不一样。技术路线不一定非要用图来表示，纯文字也可以，只要能让人看明白即可。

实施方案和技术路线可以合并起来写。

研究内容要与研究目标相呼应，即每一项研究内容对应相应的研究目标，顺序上应与研究目标一致。

阐明研究内容所要回答的问题，该部分研究内容所用的方法、预期结果及简单讨论。

所有研究内容在逻辑上必须通顺，层次清楚，详略得当，抓住关键，重点突出，力求创新，切忌雷同。

一般将研究内容和拟解决的关键问题一起写。研究内容分为几个方面，详细叙述时要显示出拟解决的关键问题，文字上不要与后面的研究方法重复，最后简要清晰地归纳出拟解决的关键问题。

描述存在的问题时要注意：内容过多，一个研究周期难以完成；内容分散，不能集中阐明研究目标。

自检，即判断在研究周期内能否完成，分析研究完成后能否实现研究目标，撰写是否与技术路线重复，本课题有哪些内容可以深入扩展，选择什么样的可供考核的技术指标，等等。

研究内容要集中，与研究目标紧密一致，作为支撑课题最关键最必要的内容。不可为显示劳动量多做实验或增加预算而使研究内容过泛。

第27问

怎样编写申报书中的目标、方案和进度计划?

一、研究目标

在科研选题确定后,研究目标也就明确了。课题比较大的可以有总目标、阶段性目标等。研究目标是对研究对象、方法、成果和应用的高度概括,书写要明确、简洁。

一般需要 2—3 年才能完成的课题可将它的目标分解为 3 个左右的小目标,建议 1—2 条,最多 3—4 行文字,紧扣课题可以解决的科学问题。

例如:课题"马齿苋抗氧化泡腾片的研制",根据上面的研究内容归纳出的研究目标为:

(1)获得不同提取方法对马齿苋多糖抗氧化性的影响;

(2)确定马齿苋多糖提取的工艺参数;

(3)获得马齿苋泡腾片的制备工艺。

二、研究方案

所有为实现上述研究目标所做的考虑和安排,都可统称为研究方案。至于研究方案的作用,则不言而喻,不仅是保证科研任务能够顺利完成,更重要的是要保证获得的研究结果正确可信,经得起时间和实践的考验。

课题的具体研究方案内容,主要为了回答"准备怎么做",申报者需按研究内容来编排撰写研究方案。力求图文并茂,该有的图表不能省略,图表要美观、清晰。

研究方案要具体,包括研究方法、技术路线、实验手段、关键技术(引用文献)等内容,方案中每一步解决什么问题,要逐条写清楚,而且要步骤合理、计划周密、程序完善、设计科学、切实可行。

1. 研究方案

以课题"马齿苋抗氧化泡腾片的研制"申报书为例，具体研究方案如下：

（1）比较不同提取方法对马齿苋多糖抗氧化性的影响。分别采用热水浸提、乙醇浸提、酶法（纤维素酶、菠萝蛋白酶、果胶酶等）浸提及超声波辅助浸提等方法提取马齿苋多糖，并测定多糖的含量。采用苯酚－硫酸法，以葡萄糖作为标准品，分光光度法测定多糖含量。

用不同方法提取的马齿苋多糖进行体外抗氧化试验，比较其抗氧化性能。分别采用铁氰化钾还原法、CERAC 法，评价多糖总还原能力；采用水杨酸捕获法测定马齿苋多糖对羟自由基的清除率，采用邻苯三酚自氧化法测定多糖对超氧阴离子自由基的清除率，评价马齿苋多糖的清除自由基能力。根据这 4 种方法提取的马齿苋多糖的含量及其还原能力和对自由基的清除率，分析比较不同方法提取的马齿苋多糖的抗氧化能力与多糖提取率之间的关系，筛选出抗氧化能力最强的马齿苋多糖的提取方法。

（2）用筛选出的方法进行马齿苋多糖的提取工艺研究。马齿苋的浸提效果受许多因素的影响，本研究以马齿苋多糖提取率为考核指标，对浸提温度、时间、料液比等几个主要影响因素进行单因素试验，在单因素实验的基础上用响应面分析法优化浸提条件。

（3）马齿苋泡腾片制备工艺研究。利用马齿苋多糖、泡腾崩解剂、黏合剂、润湿剂、稀释剂、矫味剂、甜味剂等分别进行单因素试验，初步筛选泡腾片配方。获知影响马齿苋泡腾片饮料风味的主要因素为酸度、甜度、马齿苋多糖含量及泡腾效果（产气量）。为了满足大众的口味需求，泡腾片应该酸甜可口，并有马齿苋独特的清香。试验选择泡腾剂比例、马齿苋多糖添加量、甜味剂添加量等因素，根据 Box-Behnken 的中心组合试验设计原理，结合单因素试验结果，用响应面分析法优化配方。

测定泡腾崩解剂的配比实验产生的 CO_2 量和反应完全后溶液的 pH 值。采用失重法测定 CO_2 量，按照中国药典 2015 版的 pH 值测定法测定 pH。

2. 关键技术

拟解决的关键技术，建议 3 条，一般两条即可。切忌乱写，一定要写该课题的研究关键点，不是研究内容的总结。

同样以课题"马齿苋抗氧化泡腾片的研制"申报书为例，具体如下：

（1）马齿苋多糖含量的测定；

（2）马齿苋多糖抗氧化活性的评价；

（3）响应面法优化泡腾片制备工艺的中心组合试验条件的选择。

3. 技术路线

技术路线是指在申请项目的研究内容确定之后如何进行研究，也就是把申请人的研究方案和技术措施用文字表达清楚。同行专家即可根据申请人提出的技术路线判断申请人提出的研究课题能否如期完成及所能达到的水平。

在描述技术路线时，要把关键问题写清楚，并且要把解决关键问题的方案、技术措施写清楚，还要写出解决这一关键问题可能遇到的困难，以及为解决这些困难所采取的措施等。同时，针对课题提出的科学问题或目的，进行设计，前后呼应，突出本研究的主题思路（环环相扣）。特别要注意：①主线不能多，1—3 个为宜；②逻辑要求高，属于会合性质；③需要与研究方案一致，达到前后呼应；④图文并茂，技术路线图不能省略，图要美观，表意清楚。

例如，课题"马齿苋抗氧化泡腾片的研制"申报书中的技术路线见图 1—1。

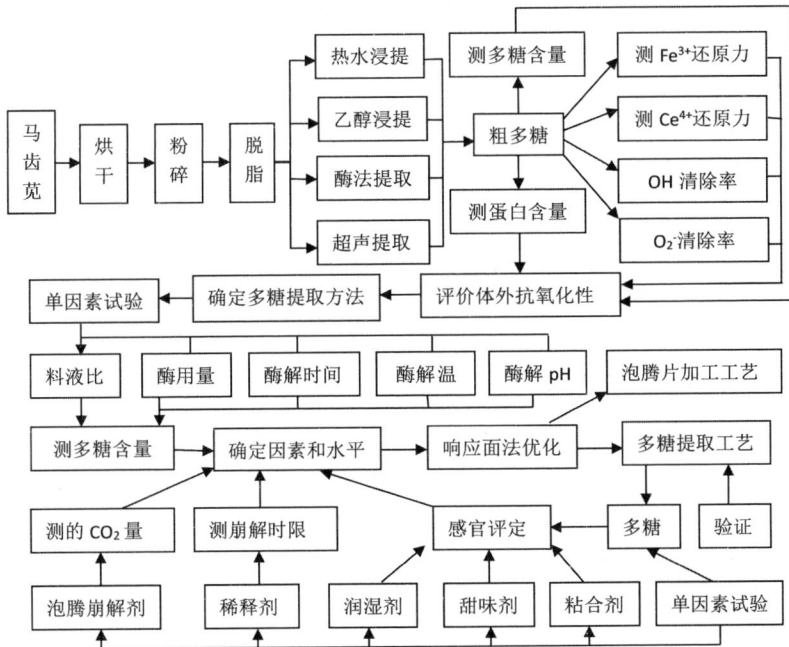

图 1-1　马齿苋抗氧化泡腾片的研制技术路线图

三、进度计划

在实际项目的开展过程中,可能会出现所需资源很难实时到位的情况,使项目不能够按计划有效地完成,导致科研计划由此中断,进而耽误科研项目的整体进度。因此,在做科研项目计划时,对于项目所需的人力、物力、财力、时间等各项因素都要考虑清楚,做出科学、合理的安排。

研究计划要尽可能具体和合理,拟组织的重要学术交流活动、国际合作与交流等的说明不要列入研究计划中。

实例 1-2:在此同样以课题"马齿苋抗氧化泡腾片的研制"申报书为例

2015 年 4 月—2015 年 8 月:原材料的准备及仪器、试剂的购买,野生马齿苋的采摘、清洗、烘干、制样;

2015 年 9 月—2015 年 12 月：马齿苋多糖的提取方法对其抗氧化性的影响，清除 OH 和 O^{2-} 自由基能力的测定，还原能力的测定；

2016 年 1 月—2016 年 3 月：用筛选出的多糖提取方法进行马齿苋多糖提取工艺的单因素试验；

2016 年 4 月—2016 年 7 月：响应面法优化马齿苋多糖提取工艺的研究；

2016 年 8 月—2016 年 10 月：马齿苋泡腾片单因素试验；

2016 年 11 月—2016 年 12 月：响应面法优化马齿苋泡腾片的加工工艺；

2017 年 1 月—2017 年 6 月：分析总结、鉴定，撰写论文，并写出研究报告。

第 28 问

怎样在项目申报书中表述拟解决的关键问题？

项目申报书中所说的"拟解决的关键问题"（也称"拟突破的重点"），是指对实现预期目标有重要影响的某些研究内容，或者是实现预期研究目标所必须掌握的关键技术或者研究手段。

"拟解决的关键问题"在表述时有四"不宜"：一不宜将研究内容重复一遍。如前所述，"拟解决的关键问题"可以来源于研究内容，但是不宜覆盖所有研究内容，也不宜与研究内容中的部分内容完全一致（应该在部分研究内容的基础上进行提炼）。二不宜将易得出结论的研究内容列为关键问题。如果将这样的内容列为关键问题，评审专家可能会据此认为项目的难度与研究价值不大。三不宜将关键问题写得过长。如果将关键问题写得很长，评审专家可能会据此认为申报者对关键问题认识不清、提炼不够。四不宜将关键问题分得太细。如果在关键问题下面又分出几点来，评审专家可能就会认为这个所谓的"关键问题"其实并不是"关键"的。

"拟解决的关键问题"一般写 3—5 个即可，应按照问题的重要程度排列，重要的写在前面；如果有可能，每一个关键问题应该"点化成行"，极为简明，以便给评审专家留下良好的印象，当然，最重要的那个关键问题可以稍微多写一点，占到两行。

"拟解决的关键问题"可以用"完整句"表述，也可以用"非完整句"表述。如果用"完整句"表述，有时可在主谓之间用逗号，突出主语或谓语。如果用"非完整句"表述，即呈现为短语形式，多用动宾短语，状语或定语极需时才采用，以求鲜明突出，力避冗余。

第 29 问

项目申报书中成果形式怎么填？

预期研究成果形式也是项目申报书的构成内容之一，专家在评审项目申报书时需要了解申报项目研究结束后会有什么成果，这些成果有没有价值，完成这些研究并得出这些成果的可能性如何？这些都是专家在评审时综合考虑的问题之一。

不同类型的研究项目，预期研究结果的侧重也不同，成果形式也不同。

1. 基础研究或应用基础研究课题

基础研究或应用基础研究课题的成果可以是拟发表何种水平的文章若干篇或获什么专利、成果等，但更重要的是学术上预期解决什么问题，得到什么技术成果或学术论点等；对于职教教师来说，发几篇论文或者申请专利，是比较现实的成果指标。

2. 应用性研究课题

应用性研究课题侧重于推广成果应用的前景及其间接的经济效益和社会效益预测。这个可以用成果在行业中具体被应用的数量或者经济效益作为考核的指标，以后在结题考核时，提供相应的应用证明即可。

3. 开发性研究课题

开发性研究课题侧重于直接获得的经济效益或社会效益。这样的指标需要用数据来说明，所以可以用 QC 成果等来表现，因为大多数的 QC 成果中有反映经济效益的具体数据。

预期研究成果的表现形式有：

（1）理论成果：丰富 / 补充 / 填补以往该研究得出的结论。这些表述在职教研究项目时需要谨慎运用。

（2）技术方法：完善以往该研究产生的方法和提高应用价值。

（3）专利：可望获得……

（4）论文：在国际、国内发表文章的数目等，要真实有效。

第30问

项目申报书中的预期成果怎么表述？

项目研究的预期成果，因项目研究类别、项目级别的不同有所区别，但不管是哪一类项目，都应根据项目的结题验收要求，明确预期成果形式、成果数量和成果质量，做到可追溯、可评价、可验收。基础研究类项目的预期成果可以是论文、专著，其中以论文为预期成果的应说明拟发表论文的期刊级别和数量，以专著为预期成果的应说明专著的主要内容、分章和大致篇幅。对策研究类项目的预期成果除论文、专著外，也可以是研究报告、成果要报等，表述时应说明研究报告或成果要报的篇幅和拟提交的部门。

在填写预期成果时，应事先了解所报科研项目的结题验收条件，并根据结题要求和研究能力确定成果形式、成果质量和成果数量。如《浙江省教育科学规划课题管理办法》规定："列入浙江省教育科学规划的所有课题按期完成后，原则上最终成果均须进行鉴定，通过鉴定后予以验收结题。课题主要研究内容在全国中文核心期刊上发表 1 篇及以上论文的重点课题，或在省级以上公开刊物上发表 1 篇及以上论文的一般规划（含专项）课题可免于鉴定。获得设区市政府、教育行政部门或科研管理部门二等奖及以上，省政府、省教育行政部门或科研管理部门三等奖及以上，或被省教育科学规划办和厅级以上行政部门采纳的成果可免于鉴定。"那么，在填报浙江省教育科学规划一般课题申报书的时候，可以免于鉴定条件为基本要求，确定预期成果的形式、数量和质量。

同时，要注意的是，科研项目申报书中的预期成果可能会作为后续项目结题验收的依据，因此预期成果数量和质量要根据项目研究方案进行合理预设，避免出现因申请时过高设置预期目标而影响项目结题验收的情况。

第 31 问

项目申报书中的经济效益和社会效益怎么写？

项目研究的经济效益和社会效益要根据申报书的要求和对研究的预期规范填报。一般来说，经济效益就是项目实施后的经济收益，主要体现在项目的产量、产值和利润等上，这些都是可以用量化的指标进行考核的，因此填写时要写明，具体到数量；社会效益就是项目实施后对社会能起到的积极作用，一般包括促进地方经济发展、促进社会进步、带动就业、提高人民生活水平等一些内容，如教育类项目一般包括提升教育教学质量，完善教育教学管理，提高毕业生就业水平，推进课程建设，促进社会和谐稳定等。社会效益没有明确的指标和考核内容，只需根据项目实施内容进行文字描述即可。经济效益和社会效益也可能是后期项目结题验收的重要依据，因此要量力而行，清楚合理，效益预期不宜设置过高。

四、申报技巧

（申报科研项目有技巧吗）

第32问

申报科研项目有没有什么秘籍？

申报科研项目的秘籍在于平时的积累，在于观察、思考问题，在于提出解决问题的思维养成，在于大量的阅读、撰写训练与总结。

一、提出高质量问题

要提出高质量问题，从事科研工作的高职教师可以将前期围绕感兴趣的研究方向想到的各种问题，做一些整理，比如感兴趣的研究方向有哪些？哪个是首选研究方向？哪个是备选研究方向？围绕研究方向想到哪些问题？（越多越好）

二、合理分类问题

学会将问题进行归类，这有利于确定哪些题目能转化成研究题目及转化成怎样的题目。将前面我们想到的问题，按照回答要求分类的方法进行分类，比如"是什么"的问题、"为什么"的问题和"怎么办"的问题，然后使问题转化为课题。

三、科学开展选题

前面已经详细阐述过选题的问题，这里再强调3点：

（一）科学性

所选的课题必须有一定的理论依据和事实基础，如果所选的课题在方向上发生偏差，无疑是不科学的。

（二）创新性

课题研究的目的是认识前人还没有认识或没有充分认识的规律，这就要求研究的课题有一定程度的独创性和新颖性，创新包括理论、观点、方法与应用的创新。高职教师主要偏向于观点、方法与应用方面的创新，很容易缺乏新意，这样研究的价值也就不高。

提出一个别人还没有研究过的课题，这是创新；用与别人不同的研究方法去研究一个已经研究过的课题，这是创新；将一种理论、一个观点首次应用到实际中去，这是创新；将已经在某一领域得到应用的理论、观点、方法和手段，应用到新的领域中去，也是创新。

（三）可行性

在选题时一定要充分考虑课题研究的主观条件和客观条件，特别是高职院校的科研硬件条件与团队建设相对薄弱，因此高职教师要从自己所学知识、积累的经验、兴趣爱好、时间和精力及与他人的配合等实际情况出发，选择自己通过努力可以获得成功的课题。

贯彻这条原则需要处理好两个关系：

1. 大和小的关系

一般来说，大课题的研究价值高，成果的社会影响大，但比较复杂，开展的要求高，不易出成果；小课题涉及范围小，任务单纯，目标集中，容易开展，容易出成果。大家不能一味求大，忽视对小课题的研究，有些小课题的研究往往也会得出很重要的理论，具有实践意义，它的价值并不比某些大课题低。

2. 难和易的关系

难的课题往往比较有价值，但难度大的课题对研究者主观和客观条件的要求高，需要花更长的时间，更多的精力，而且容易因久攻不克，让研究者失去信心，导致半途而废。

四、高质量完成申报书的撰写

选好题之后，申请者需要根据申报书的提纲（一般申报单位会提供），完成项目申报书的撰写，要注意以下问题：

（一）基本信息

项目名称、申请人、项目组（申请人之外的成员，讲梯次）、主要研究内容（摘要）。

（二）摘要的写作方法

摘要内容，一般包括研究目的、采用方法、研究范围、内容、绪论、预期结果、理论意义、应用前景等；一般要求 300 字以内，只需直述，不需详细论证分析；一般用"第三人称"撰写，不能以"本文""作者""笔者"等作为主语；建议采用"对……进行了研究""报告了……现状""进行了……调查"等表述方法。可采用的模板比如：项目将采用……方法，开展……研究，阐明……机制，揭示……规律，解决……问题，达到……目标，预期产生……社会效益，提供了……新思路，为……奠定了基础，有……重大的工程应用价值。

（三）立项依据（为什么要做）

立项依据一般分为 3 部分：

1. 项目的研究意义

要讲清楚为什么做这个项目，概括性描述课题所属研究领域的科学意义和应用价值；阐明重要性和必要性，理由要充分，但不必过长，提出创新思想即可；阐述课题对社会或经济的意义、学术价值和应用前景。

2. 国内外研究现状分析

思路：别人做了什么，存在什么问题，接下来应该做什么，因为什么别人没有做，我们为什么可以做到。

分析国内外研究现状要围绕题目、主要内容和突出点，介绍国内外研究现状，对研究问题的背景进行深入分析。表述常用语如阐明现有研究已经解决了什么问题，还遗留什么问题；提出本研究与现有研究的本质区别，已经提高和改进之处；综上所述，开展……研究是很有科学意义和应用价值的；因此，本课题提出……的研究很有必要。

特别要注意：

（1）述评时，避免过激评价别人的成果，不能否定前人的工作，否则会让评委对你的印象大打折扣，可以表述过往研究因局限而存在缺陷；

（2）表述应注意主次，概述代表性研究成果和重要研究过程，引用主要文献要体现时期或程度进展；

（3）强调本课题的必要性和重要性，常用语句如"综上所述，开展……研究是很有科学意义和应用价值的"。

3. 主要参考文献及出处

梳理文献时，应概述近期国内外最有代表性的成果，尤其是本领域知名权威的研究，主要参考文献应列出 10 篇以上，重点列出近 5 年国内外相关领域的研究文献，为了体现国际视野，最好多列一些相关的外文文献。

（四）研究方案

1. 研究目标、研究内容及解决的关键词

（1）研究目标要明确指出课题要做什么，拟解决什么科学问题；目标必须具体、明确和可行，研究目标的条例一般不超过 3 个，表述常用语如明确……关系，揭示……规律，阐明……原理／机制，提出……方法等。

（2）研究内容是研究目标或总标题的分析方案，可分解成几个研究部分或分解成几个标题；每个研究内容可分别具体阐述，概括出每部分的研究目标和所要解决的具体科学问题，包括必要的说明及关键技术等；研究内容尽可能详细描述，但内容不能庞杂，切忌面面俱到缺乏重点。

（3）拟解决的关键问题是指研究过程中的关键点，能透视出项目顺利完成的前景，一般是理论上的科学问题和技术上的难点，条目不宜过多，3个左右即可。

2. 拟采取的研究方法、实验方案及可行性分析

研究方法：拟采取的研究方法主要有文献研究法、调查研究法、实验研究法、实证研究法、观察研究法、定量研究法、定性研究法、比较研究法、历史研究法和概念分析法等。书写方式：以研究方法为主线，以研究内容为主线。

实验方案：实质上就是研究步骤，技术路线即工作程序／流程图，利用选择的方法，对所研究的内容按怎样的时间顺序进行研究，要求合理即可，同时要符合研究规律，流程清晰。流程图的逻辑要清晰，评委通过流程图就知道研究的总体框架。撰写方法：以研究内容为主线，可以"第1步，第2步……"书写，文字不宜过多。

可行性：在理论上立题及关键技术是可行的，软件方面要突出申请者及课题组成员具备工作基础、科研能力和素质，硬件方面突出具备的研究条件，如仪器、设备（实训室）和技术等。

3. 本课题的创新之处

描述创新点时应围绕阐明的问题，写出本课题解决后的科学意义，指出本课题哪些研究内容，迄今国内外尚没有文献报道，着重列出本课

题的特点及与他人研究的不同之处。创新点归纳出 3 条左右即可，用词不能太夸张。创新点表现为新思想、新概念、新理论、新方法、新技术，即"四没"：没有人提出过的（思想）、没有人做过的（研究）、没人用过的（研究方法）、没人得到过的（研究结果）。

4. 研究工作安排

以每年（月）为期限，列出预计完成的研究内容；根据研究内容，并列出预期目标；列出拟组织的学术交流、调研、论证等活动。

5. 预期研究成果

成果的主要表现形式为研究报告（容易结题，现在基本要求被政府相关部门采用或领导批示）；公开发表论文（要实事求是，不要为了能立项而多写，结题的时候要一一核对）；专著；专利；成果奖（这个难度较大）。

（五）研究基础

研究基础主要包括与本课题有关的研究工作积累和已取得的研究工作成绩及目前承担的项目情况，其中项目负责人和其他成员的情况要分开填写，并且在填写项目、成果和奖励等项时要注明承担或完成人姓名等相关信息。

（六）经费预算

经费预算主要包括直接经费（设备费、材料费、测试化验加工费、会议 / 差旅费、国际合作与交流费、出版 / 文献 / 信息传播 / 知识产权事务费、劳务费及其他费用等）和间接经费（近年来项目人员的奖励费用也可以列支）。

第33问

有什么途径可尽快提升课题申报书编写水平？

撰写课题申报书是一个长期积累的过程，项目负责人必须多次修改申报书，一分付出才有一分收获，以下两方面内容供参考：

1. 多学习模仿

职教教师要认真研读已经申请成功的申请书，要模仿已经申请成功项目的申请书，模仿其语句和表达，注意分析范本的内容结构和逻辑关系，不能只是简单地罗列语句，在写作中要注意：

（1）要讲重点，讲核心点，讲有竞争力的内容，就像讲一个动听的故事，让听者（评审专家）欲罢不能。

（2）每个阶段最好都能有一些成果，而不是只有最后才能形成成果，这样才能让评审专家觉得这个项目有价值。

（3）成果与特色一定要好好提炼，别人没有的，或别人有但我做得更好的才是特色与优势，这需要反复推敲才能产生。

（4）注重文本格式与图表质量。格式不是小事，字体、体例、标题的对仗，关键词的突出等都不可小视，因为专家在评审的时候，可能不会花很多时间去细看你的申报书，要用最短的时间抓住评审专家的眼球，只有在总体编排上下功夫。相关图表要用矢量图，要制作精致，可以请专业设计人士帮忙润色。

（5）支撑材料要有针对性，支撑性强。有的老师喜欢把相关和不相关的材料都堆积上去，把支撑材料做得很厚，其实没有必要，专家也不会认可。

2. 多修改打磨

一个好的申报书是打磨出来的，申请者可以从 3 个方面入手：一是项目负责人作为项目申报书的主要执笔者，要多次修改与打磨申报书，在写的过程中继续阅读文献，汲取相关领域的知识来修改项目申报书；二是项目负责人组织项目组成员集中打磨，可以对申报书体例、申报各项内容等进行多层次的研讨，逐字逐句的"磨"；三是请同行专家进行辅导和评审，进一步打磨与完善项目申报书。

第 34 问

怎样有效获取课题申报相关信息？

对于职业院校教师来说，获取课题申报相关信息最主要的途径应该是查看本校科研管理部门网站或公告栏发布的课题申报信息。一般来说，各类课题的申报时间在一定时期内都是大致固定的，因而教师可以根据本单位科研管理部门上一年发布的课题申报信息整理一份《各级各类课题申报时间表》（当然，有些课题申报时间会因某些原因做出调整，但一旦做出调整，若干年内会保持相对稳定，教师要注意及时将这些课题申报时间的变化在《各级各类课题申报时间表》上标注出来）。如果有意申报哪一类课题，就要提前一段时间着手做好相关准备，并在相应时间节点注意查看学校科研管理部门发布的课题申报信息，也可以从相应课题管理单位网站查看课题申报的原始通知。一般来说，课题管理单位发布的申报通知要早于本单位科研管理部门发布的通知，教师可以早做准备。但不能因此就不看本单位科研管理部门的通知，因为本单位科研管理部门发布的通知可能会有一些个性化的要求，若不遵守，你的课题申报书可能连学校的审核都通不过。

如上所述，获取课题申报相关信息除了查看本校科研管理部门网站或公告栏发布的课题申报信息外，还可以直接上课题管理单位网站查看。职业院校教师可以把各级各类的与本人相关的或本人感兴趣的课题的管理单位的网站收藏起来，到相应时间节点登录这些网站查看课题申报通知。

此外，微信朋友圈、微信群、微信公众号、QQ 群、QQ 空间和微博等内也经常有人转发课题申报信息，若教师遇到自己感兴趣的信息，要进一步找到信息的原始出处，确认无误后及时下载保存。注意一定要及时下载保存，而不能只是将其链接保存在手机或者电脑上，因为发布者可能出于各种考虑很快就将这些信息删掉了，那样的话就要多花很多时间去找这些信息。

第 35 问

申报书提交时，除内容质量外，在形式上还需要注意什么？

一份理想的申报书，既要有高质量的内容，还要有较完美的形式，也就是说，内容和形式要相统一，要做到内外兼美。申报书在形式上应该注意以下 6 点：

1. 要认真阅读"填表说明"，按照相关的要求填写申报书

申报者在撰写申请书前，一定要认真阅读"填写说明"，按要求规范填写。在填写上要注意几个细节：一是数据前后要一致；二是经费预

算不能超出规定；三是不能在重要内容的描述中出现错别字或者语法错误，造成歧义，影响评审专家的理解；四是规定不得出现申请人和课题组成员的姓名、单位名称等个人资料的，要隐去这些信息。这些看似都是小问题，但若不注意造成的后果会非常严重，很有可能导致申请书在初审时就被筛掉，根本无法进入专家评审程序。

2. 申报书的要素要齐全，不得随意减少栏目、改变内容

比如：《浙江省中华职业教育科研项目申请书》中，除了基本信息之外，申报人主要填写的内容有 3 项：一是本项目研究意义及国内外同类研究工作现状（附主要参考文献）；二是主要研究内容、目标、方案和进度及拟解决的关键问题；三是预期成果形式、去向和效益。申报人要一一对应着写，重要的多写一点，次要的少写一点，但是不能缺项、少项。有的申报书的"填写说明"中对相关要素还有字数要求，比如《浙江省职业教育与成人教育科研课题申报表》，需要填写的内容有基本数据表、负责人和课题组成员近 5 年来承担的重要研究课题、课题设计论证、完成课题的可行性分析等，其中课题设计论证限 3000 字以内，完成课题的可行性分析限 1500 字内。有字数要求的，最好不要超出规定字数，也不能少于规定字数太多，字数差值要控制在 100 之内。

3. 可适当地运用图表，使申报书图文并茂、文质并重

图表被认为是一种能将对象属性和数据进行可视化的手段，在长篇单调的文字中，适当插入相关图表，能起到以下 3 个作用：一是集中、概括，便于分析和比较，有利于评审专家发现各种变量之间的关系；二是生动、形象，使复杂、抽象的问题变得直观、清晰；三是简洁、明了，可以代替大量的文字说明。图具有很强的冲击力，能够吸引人；表具有很强的直观性，能够说服人。但是图表都只是辅助性的工具，不能喧宾夺主，冲淡文字。插入的图表必须标注图表名称，一般用小 5 号、宋体

字，图名称居中放于图下方一行，表名称居中放于表上方一行。如课题
"高职顶岗实习的校企协同闭环管理体系研究"的申报书中，申报负责
人在阐述课题研究的基本思路时，列出如图 1-2 所示的图辅助说明。

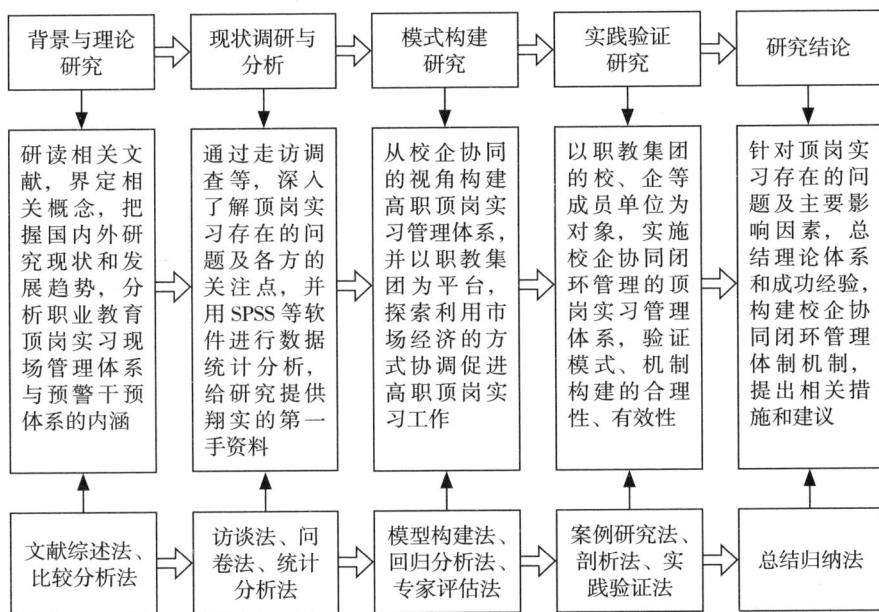

背景与理论研究	现状调研与分析	模式构建研究	实践验证研究	研究结论
研读相关文献，界定相关概念，把握国内外研究现状和发展趋势，分析职业教育顶岗实习现场管理体系与预警干预体系的内涵	通过走访调查等，深入了解顶岗实习存在的问题及各方的关注点，并用 SPSS 等软件进行数据统计分析，给研究提供翔实的第一手资料	从校企协同的视角构建高职顶岗实习管理体系，并以职教集团为平台，探索利用市场经济的方式协调促进高职顶岗实习工作	以职教集团的校、企等成员单位为对象，实施校企协同闭环管理的顶岗实习管理体系，验证模式、机制构建的合理性、有效性	针对顶岗实习存在的问题及主要影响因素，总结理论体系和成功经验，构建校企协同闭环管理体制机制，提出相关措施和建议
文献综述法、比较分析法	访谈法、问卷法、统计分析法	模型构建法、回归分析法、专家评估法	案例研究法、剖析法、实践验证法	总结归纳法

图 1-2　课题研究思路

4. 签名一定要手写

封面上的项目负责人、基础信息表中的课题小组成员签名处、单位
意见栏中的负责人签章处，一定要用蓝色或者黑色水笔手写，不得用打
印字和印刷体代替，更不能用红色水笔书写，最好也不要用艺术签名，
就用平时惯用的写法签名即可。

5. 一定要加盖课题负责人所在单位的公章

课题申报书都要经过项目负责人所在单位审核，签署明确意见，并
加盖单位公章后方可上报。签字或盖章，一般是申报书的有效证明，没
有公章的申报书，一般不被接收。盖章需注意以下 3 点：一是要盖得工

工整整，不能盖歪、盖斜；二是公章颜色要鲜明，公章内文字要清楚，不能有模糊不清、重影等现象；三是公章边框要清晰，确保没有缺口。签字或盖章，不仅仅是有效证明，更体现了申报人的态度。

6.排版（页面的编排）要美观

申报书全部写好后，要进行排版，版面总体要美观，让人看着舒服。封面按原来格式，不要随意改动。正文内容具体要注意以下3点：一是字体、字号、行距。字体不要太小，因为现在的课题评审一般都在电脑上进行，字体太小，让人看起来比较吃力。课题申报内容的重点部分可以用粗黑字体显示，以引起评审专家的注意。建议可用字体格式为：中文用宋体，英文用 Times New Roman；字号小四；首行缩进2字符（中文），可使用固定行距18—24磅。二是填报内容中的序号。一般文档的序号等级为一……（一）……1.……（1）……①……A……逐级变小（适用于内容较为复杂的文档）或一……1.……（1）……①……A……逐级变小（适用于内容较为简单的文档），如果申报书的填写内容中已经出现了"1"的等级序号了，那么可统一为"1""1.1""1.1.1""（1）""①"。建议不自动更新，不使用自动编号系统，不使用"Tab"键。三是单位意见。此栏目有3项内容需要完成：签名、盖章和时间，签名在上，时间在下，排成"二"字形、倒"二"形或者"="形。

总之，内容是起主导作用的，而形式是为内容服务的，但形式本身又具有相对的独立性，因此也不能忽视形式的反作用。申报书是给评审专家看的，仅仅是你自己认为清楚、满意是远远不够的，还必须得到评审专家的认可。申报者如果能从这个角度努力，注意细节，申报书的质量就会大大提升，课题立项的命中率肯定会显著提高。

第 36 问

在申报前，如何深层次了解项目发布者的要求和申报选题倾向？

教研课题和科研课题研究的都是教育领域、科学研究与技术研发领域一些客观存在的问题，是当前有价值的、有待探索的和能基本解决的问题。如何深层次地了解项目发布者的要求和申报选题，笔者认为可以从以下 3 个方面进行关注了解：

1. 行政指令与工作规划中隐含着新课题

近年来国家高度重视高职教育，并先后出台了一系列方针、政策与发展规划指导，比如《国家职业教育改革实施方案》《教育部关于印发〈全国职业院校教师教学创新团队建设方案〉的通知》《关于在院校实施"学历证书＋若干职业技能等级证书"制度试点方案》等，这些必然会促使一系列相关的研究课题产生，如高职院校的治理体系、中国特色高职教育发展与创新、高职专业群建设、产教融合、基于"一带一路"的国际化办学、"1+X"证书制度等方面的研究，这些将会成为新的高职教育研究热点。地方层面，比如杭州市正在全力打造"全国数字经济第一城"，实施"新制造业计划"，发展杭州"1+6"重点产业集群等，如何把专业建设与区域经济深度融合，构建产教融合平台等，无疑是高职教育改革研究的热点问题。

2. 新理论、新发现、新技术会带来不少教研课题

新理论、新发现意味着对事物产生一种新认识或者认识问题的一个新角度。根据新理论、新发现，研究者会发现一些新问题，或对一些习以为常的现象产生研究兴趣，从而产生一些新的研究课题。比如说，育德修技融入教学、课堂思政与思政课堂等等；而新技术的运用也会带来

许多新的研究内容，比如，"互联网＋"、5G 技术、人工智能、物联网等，都是新技术与教学改革创新的切入点。

3. 新技术、新装备和新工艺带来不少科研课题

近年来，智能制造技术及装备，工业机器人技术，高档数控机床等新技术、新装备和新工艺推动了企业的转型升级，同时给高职院校深化校企合作带来了契机。高职院校教师开展技术服务（横向课题）的同时，凝练出一些技术攻关课题。这些也是老师申报科研项目（纵向课题）的重要来源之一。

把握住以上 3 个方面的问题，老师们能更好地了解项目发布者的要求和申报选题背景，能更好地开展选题与申报工作。

第 37 问

怎样在课题申报书中体现项目研究的创新性？

课题申报书中有两处要写到创新性：一是申报书中的文献综述要体现研究的新思路、新观点，在综述国内外研究现状、趋势和存在的问题后，引出本研究切入点即体现出创新之处；二是在主要研究内容这一栏里要准确具体地描述研究的创新点。

如何撰写申请书的特色与创新之处，首先要搞清楚什么是创新，创新主要表现在以下 3 个方面。

（1）原始创新：新的学术思想和理论，发明的新技术、新方法。

（2）跟踪创新：完善现有理论，修改现有技术方法，要高度提炼，不要与研究目标、研究内容混淆；学科交叉项目必须阐明变叉点，必须

对相关学科的发展有促进作用。

（3）本领域急需解决的问题在国内已有一定研究基础，可望在国际上有所突破。语气要肯定，独特的视角也是解决问题的创新思路。最好是一种思路上的新理解，以独特的角度看旧的问题。条件特色并不能完全代表研究特色和学术新颖性。

科研主体的创新意识、能力，最好在学术成果中、创新之处凸显出来，与解决新时代暴露的突出问题紧密结合，切忌空泛，自说自话。

原创性不足之处主要表现在以下几个方面。一些项目思路和方案具有创新性，但提出的研究内容太分散，导致深度不够，科学问题提炼不足；一些项目立项依据不充分，仅针对工程实践及工艺提出具体的解决方案，尚未提炼出科学问题与共性基础，充其量只是工程案例；一些项目的研究内容是国外研究内容的"克隆"或跟踪，没有体现创新思路。

课题申报者要有一定的积累，如果没有不要等课题申报下来了再来研究，申报者可以现在就开始研究。如果这次申报不成功，下次申报也可以有的放矢，提高成功的概率。

第 38 问

针对研究项目，一般学校都是限额申报，那如何有效取得学校的推荐资格？

限额申报的科研项目，在校内出现了超额申报的情况下，学校一般会通过竞争性选拔确定最终推荐名单。在校内的这一轮选拔中，为保证推荐项目的质量，提高项目最终的立项率，质量优先往往会被作为选拔的首要标准。因此，在申报有限额设置的科研项目时，教师要想突破学校的重围，获得推荐资格，还是要从提高项目申报书的质量着手；要仔细研读项目申报指南，立足自身的专业特长和学术积累，审慎确定选题方向，特别是在申报基础研究类项目时，应结合自身的前期研究成果进行综合考虑；要根据项目申报书的填报要求，认真规范地填写每一项内容；要针对理论上或实践中的真问题，结合学校的研究基础和优势，考虑到区域、行业和学校的发展需求；要合理搭建研究团队专业结构和明确分工，充分体现团队的专业优势。

第 39 问

可以邀请其他单位人员一起进行项目研究吗？企业是否可以？

在科研项目的研究过程中，因受专业领域、数据信息采集、成果应用等因素的影响，可能需要借助外单位科研力量一起完成项目研究工作。项目负责人在填报项目申请书时，应综合考虑研究内容、研究方案、研究方法等因素，选择和确定项目组成员。在确定需要外单位科研力量加入时，如果项目申请书中有"合作单位"一栏，经外单位同意，可以将其确定为合作单位；若无此栏，则可以邀请外单位科研技术人员作为本项目组成员，一起参与项目研究。关于合作单位的性质，各级各类科研项目并未做具体规定，项目负责人可以根据项目研究内容自行选择和确定。例如，在进行职业教育产教融合或顶岗实习相关项目研究时，如果有相关企业或企业工作人员参与，能为项目实证研究提供较大的帮助。再如，在涉及区域经济社会发展领域的项目研究中，邀请相关职能部门的工作人员参与课题研究，对准确把握政策方向、进行数据统计分析和推动成果应用进程等都有帮助。

第40问

课题未立项有哪些主要原因？

课题能否申报成功，与课题研究人员的选题方向、写作能力及格式是否正确有着密切的关系。辛苦完成课题申报书递交后，是一段煎熬的等待期。等到立项课题公布时，又是几家欢乐几家愁，未能立项的老师可能会有些失落，甚至产生不满情绪。其实课题未立项是有原因的，大概有以下4点：

1.课题选题原因

一是没有认真研读课题申报文件或者课题指南、课题管理办法，造成选题方向不符合立项条件。课题组织方会下发课题申报文件，有的还会随文公布相应的课题指南，对课题申报的指导思想、申报条件、课题研究申报范围、申报程序等提出方向性和指导性的要求，课题负责人还要召集团队成员，认真研读文件，把握课题研究方向，并结合所在单位工作实际和发展要求，确定研究项目。如果文件精神领会不深刻，选题方向把握不清晰，申报成功是小概率事件。比如，浙江省人力资源和社会保障厅、浙江省中华职业教育社联合下发了《关于开展2020年浙江省中华职业教育科研项目申报工作的通知》，明确规定该次科研项目的申报范围为黄炎培职教思想和工匠精神研究、产教融合和生产现场管理研究、职教就业创业研究、温暖工程研究4个研究方向，其他研究方向的科研项目不予受理。如果你离开这4个研究方向，独辟蹊径地去做人才培养方案研究、课堂教学研究，恐怕就不能如愿立项了。二是选题无特色、无创新和针对性不强。课题申报人应该选择自己有研究基础的、有研究成果积累的选题方向进行研究，而不是在前人或其他人研究的"成果区"里和自己研究的"舒适区"里捣鼓，或者做些"新瓶装旧药""换汤不换药"的行为，这些没有创新、没有特色，缺乏与时俱进的理念，与社会的实际需求、单位的发展要求相脱节，也不能如愿立项。

2. 课题论证原因

一是课题论证不充分。课题论证设计缺乏系统性，在研究现状方面主要是罗列出所收集的文献资料，缺乏系统性的分析，研究意义不明显。在研究内容、研究重点和难点、创新点等方面只是概括性地描述，也就是说，都是务虚的，没有定性和定量的描述，缺少批判性思维，没有真正将材料转化为支撑课题论证的论据。比如，在课题"技校院校数学教学与会计专业相融的研究"的申报书的"课题设计论证"中，就研究目标是这样描述的："本课题主要将数学思想和方法与会计专业教学的特点相结合进行分析研究，利用先进的教学手段，落实智慧数学与会计专业相融空间的构建，并借此调整课程及资源，提高数学老师的教学水平，培养会计专业教师队伍，创新课堂教学，进行课堂教学尝试，实施智慧教学分析及诊断，完善教学多元评价体系，提高学生对学习会计专业知识的兴趣，同时促进数学教学的改革，从而探索技校专业人才培养的理实一体化课堂建设，分析并确定研究主题。"上述整一段文字，一逗到底，是不是逻辑混乱、表述不明、层次不清？看上去每一句话都是目标，又可以说都不是目标。目标是指想要达到的境地或标准，申报者要表达的可能是通过研究，实现建立会计专业教学"新"模式、评价"新"模式和教学"新"环境的目标。什么样的模式是"新"模式？这种说法很空洞，没有实际内容，还不如"多元评价模式"来得实际。可想而知该课题未能立项。二是前期成果准备不充足。有的申报书要求填写负责人和课题组成员近 3 年或者近 5 年来承担的重要研究课题。有的课题负责人前期研究成果可能很多，但是不要罗列式地全部都填入表格，应该把和所申报课题关联度大的、课题负责人主持的课题，有选择地填入表格，而且要按照级别从高到低排列。有的课题负责人前期研究成果可能不多，能写的内容太少，基于这种情况，要经过比较选择，筛选出能完成本课题研究任务的更合适的承担人。三是研究成果不被认可。比如，有个课题的预期成果是这样描述的："预期形成课题报告一份，相关研究论文若干篇，出版与企业合作并用于实践教学的教材和校本教材若干种。"在 1 年或者 2 年的研究时间里，5 位团队成员要完成论文若干篇、出版教材和校本教材若干种，让人感觉有些夸大其词，这样的成果完成是有难度的，即便完成了可能质量也不会高，搞得不好还会影响到课题结题。所以成果的数量不能太多，要切合实际。

3. 课题团队原因

一是课题负责人不具备相关资格。课题申报对课题负责人是有一定要求的，不能脱离这个要求。比如，让一个刚刚本科毕业的科研小白去做专业人才培养方案、一体化课程教学改革的研究，显然是不切实际的。二是课题组成员组成不合理，或力量不强或分工不当。所选课题组成员的专业方向、研究领域与本课题关联度不大，成员分工写得很笼统，都是"教学研究""资料收集""数据整理""企业调研"，这样的分工搁哪个课题都能用。课题研究是需要课题组成员通力合作才能完成的，课题组成员的组成结构合不合理、研究能力强不强，直接影响课题研究的质量。比如，课题"依托行业协会社会化联合办学的实践与研究——以电子商务专业为例"的申报书中写明，课题负责人是计算机专业的高级讲师，职称符合要求，但是专业有些牵强。课题组成员信息见表1-4。

表1-4　课题组成员情况

	姓名	性别	年龄	职称	工作单位	专长	分工
主要合作者	张三	女	35	讲师		教学	教学方法模式提炼
	李四	男	38	讲师		课程建设	课程建设
	王五	男	30	讲师		课程建设	课程建设
	赵六	女	28	讲师		班级管理	班级管理方法形成

　　这个课题组成员的专长和分工几乎相同，看不出他们的专长和本课题有着密切的联系。在申报书后面的保障条件一栏中，了解到这4位成员的资历，一位是数学老师，一位是政治老师，一位是美术老师，一位是电子商务老师。估计是这5位老师平时关系好，其中有人因为评职称有需要，于是就组成了以电子商务专业为例进行社会化联合办学的实践与研究的课题组团队。课题组成员的学术背景和研究经验是完成课题研究的技术保障，呈现在评审专家面前的这样的课题组，就像是一个"草台班子"，怎么让评审专家相信该课题组能够保质保量地完成对该课题的研究？该课题不通过也是情理之中了。

　　理想的课题团队应该是这样的：首先，课题组成员要少而精；其次，成员任务明确，分工清楚，职责分明，每项研究任务要落实到人，每个人都必须承担课题研究的某一方面任务，不应光挂名不干事。最后，分工合理，课题组各成员承担的任务的性质、工作量，应与承担者的学识、能力相适合，主研人员尤其要得力。表中列出的内容特别是各人的专业、能力特长、曾有的研究经历和成果，要让课题组织方对课题组的研究力量有所了解。

4. 课题申报书质量原因

一是文题不符，就是研究内容和课题不相符，写着写着就脱离了标题，或者根本就没有提到研究内容前面的前缀（修饰词）。许多老师喜欢在研究内容前加前缀（修饰词），比如"产教融合下的……研究""基于世赛标准的……探索""新时代背景下的……实践与研究"，可是在申报书的具体写作中，没有对这些前缀的解释，研究内容和前缀也没有多大的联系，加上这些前缀只是为了蹭热度、摆噱头。二是重点不突出。没有围绕研究主题突出研究重点，逻辑不清楚，表达不规范，层次也不清晰，冗长累赘只是为了凑足字数。课题研究的重点应该在研究内容、研究目标、研究方案及成果的推广等方面。三是格式不正确，没有认真阅读"填表说明"，没有按要求填写申报书。比如，随意减少或增加内容，在供专家评审的申报书中出现了单位名称和个人信息。四是文字表达有误。语法错误、错别字、标点错误等经常出现，这些低级错误会直接影响到申报书的质量。

另外，课题缺乏创新或创新程度不够，科技含量低；研究成果实用性较差，没有推广的价值，难引起专家关注等都会影响课题立项。没有一蹴而就的成功，好文章都是改出来的，高质量的申请书也是经过一次次的修改、一次次的打磨而成的。路漫漫其修远兮，吾将上下做科研。做科研的人需要静心修炼自己的科研内功，用心打磨高质量的申请书。

第二篇

做课题——怎么完成已立项的科研项目

　　申请课题立项后，尽管第一步已经心想事成，但真正的科研工作才开始。有些教师在第一阶段为了拿到课题项目，在课题申请时并没有很好地考虑科研条件和课题实施中的具体可行性，一旦课题批准，签订相应的课题约定书，就意味着在规定的时间内必须提交相应的成果。这就要求课题负责人必须按照开题论证、课题实施等方案一步步深入完成。做课题是课题实施和课题研究的核心环节，课题研究的好坏、成败都取决于这个环节。

（扫码了解第二篇内容）

一、项目管理

（怎么进行科研项目管理）

第41问

怎样召开课题研究的相关会议？

教师在确定研究课题并得到相关课题管理部门审批立项后，就要接受科研管理部门对科研课题的管理、督促，以确保教师可以顺利地开展有针对性的研究。科研课题管理的内容比较多，包括立（撤）项管理、开题管理、中期管理、结题管理、资料管理、经费管理……而对于课题研究而言，与之相关的"开题、中期、结题"是最重要的项目节点。例如，杭州市教科所新颁布的《杭州市教育科研管理办法（修订）》（〔2019〕31号）第十条规定："课题的过程管理由课题开题论证、中期汇报、结题（鉴定）三部分构成。"因此，常见的与课题研究相关的会议有开题会（研究启动会）、中期汇报会（专家咨询会）和结题会（课题鉴定会）。

1.怎样组织课题的开题会

开题是课题研究的重要一环，研究者向相关专业人员（同行、学者、专家）展示个人的研究方案，借助专业人员团队、专家的力量为研究的顺利开展扫清障碍。如果说，立项方案仅仅是一个"理想的设想"，那么开题就是架设"理想通往现实的桥梁"。因此，开题对于研究者而言，不仅仅是一种形式，更是获得专业指导的机会，可以为课题的研究奠定良好的基础。开题会，通常也就是课题组组织的研究启动会，它也是一种比较正式的宣告。

开好开题会，更有可能催生全面而有价值的课题成果。因此，开题是一种形式，但也是一个研究过程，体现在一系列的研究行动上，是研究者在实施研究之前对研究项目所进行的一个较为充分的、整体的设计过程。那么，如何开好开题会呢？

（1）准备并撰写好开题报告。开题报告撰写的水平高低是一个课题质量与水平的重要反映。开题报告的撰写，需要尽可能的缜密思考，要陈述清楚为什么研究、研究什么、如何研究、研究要达到什么结果等，同时要预见研究过程中可能出现的问题，并对这些问题展开深入的分析，以明确下一阶段研究的方向。也就是要回答好所研究的课题"是什么、为什么、做什么、怎么做、能做吗、做出什么"等一系列问题。

在开题报告中要陈述清楚研究基础。陈述研究基础的主要顺序是：介绍研究的缘起—阐述该课题研究的理论及实践价值—对相关文献的系统性综述—对课题中关键概念的界定—明确研究的内容和步骤—介绍主要的研究方法—明确研究的条件，表明研究的可操作性。

在撰写开题报告的过程中，可能会引用文献，在报告中要正确标明文献的出处。

另外要注意的是，不要把开题报告写成立项报告、工作总结、结题报告等。开题报告就是要思考和回答研究即将开始时相关的一系列问题，如你研究的课题是什么？为什么选取这个课题？在相关问题上别的学者做了什么，还有什么没有做？你打算做什么？你的主要假设、观点是什么？你这样做的依据是什么？你打算怎么做？你的预期目标是什么？你的工作进度如何安排？研究中的主要条件和困难是什么？

（2）要做好会议的相关准备：

第一，选择合适的开题会地点。一般建议在小型的会议室进行，最好以圆桌会议的方式。要有多媒体设备、黑板或者白板，便于在论证的过程中记录并开展头脑风暴。

第二，确定好参加人员。一般由课题负责人邀请与课题研究相关领域的2—3名专家、学者或上级科研主管部门负责人或课题单位领导等参加，兄弟学校领导和来宾由学校自主决定，课题组成员尽量全体参加，同时可以邀请对该课题感兴趣的学校老师列席参加旁听。

第三，确定好开题会的主持人。一般主持人可以是学校的主要领导、主管教科研的领导、科研部门负责人或者课题研究负责人。

第四，确定好开题会的记录人。记录人可以是课题研究的资料员或课题组其他成员；也可以请专门的速记员记录，以便研究者在课题后续研究中利用好开题会的资料。

第五，安排好会议现场，包括整理好课题资料袋。袋中有开题会程序及时间安排、开题报告、其他相关资料。

第六，确定开题会议的程序主要包括：

其一，主持人介绍与会人员（领导、专家及来宾和课题组成员等），宣布会议的主旨。其二，课题负责人或者执笔人解读开题报告（必要时可增加范例展示）。其三，与会专家、学者与课题组成员充分讨论、沟通，对课题实施的科学性与可行性进行评议，并对研究中可能出现的困难和问题进行指导。这是开题会的核心部分，对课题的研究具有重要的指导作用。其四，与领导、专家互动，课题负责人及课题组老师对课题研究的实施结合自己的研究分工或任务进行表态发言。其五，主要领导或主管教科研的领导对开题论证的意见和建议进行简要归纳总结，并就课题研究的领导与实施过程的管理进行表态发言。其六，与会代表合影留念。

要注意的是，凡批准立项的课题，一般应该在批准之日起两个月内完成开题会。会议记录的主要内容包括：时间、地点、参加人员、会议程序、主要观点（概括与会人员的主要观点）、具体内容（详细记录每位专家的具体观点与内容）、达成的共识、存在的问题（没有达成共识还需要进一步研究的内容）。会议记录要在会后将复印件交市教科规划办备案，原件作为结题时的材料要件进行存档。最好在会后及时进行宣传报道，并将报道复印件交教科规划办备案，作为课题组结题材料存档。

开题会上陈述开题报告的陈述时间为 15—30 分钟；在陈述时结合 PPT，简要介绍任务来源、背景；重点在于自述存在的研究问题，不必说太多发现这些问题的细节和过程，重在说明问题是什么；对需要专家同行论证的内容要详细讲，包括方法、可行性等。

2. 怎样组织好课题的中期汇报会

课题中期汇报是检查和督促课题研究工作，加强课题研究过程管理和监督的重要手段，是课题管理的重要组成部分。与开题会相类似，要开好中期课题的汇报会、咨询会，必须做好相应的中期汇报会各项准备工作。准备工作主要包括中期报告撰写、中期汇报会所需的材料整理、会议的组织与运作等。

（1）准备并撰写好中期汇报稿。中期报告是课题负责人在研究过程中向课题主管部门（可以是学校教科研部门、上级教科研主管部门）汇报课题研究工作进度的情况及阶段性成果的书面材料，是中期汇报会的主要文字材料。从课题管理的角度来讲，中期报告是课题结题的重要存档材料。

课题在"开题"之后，就进入了"做题"阶段，也就是根据课题的研究思路开展研究的过程，中期报告是对这些研究的归纳和总结，它在课题研究中具有承前启后的作用：总结前期工作（成绩、经验和问题），安排后续工作，为顺利结题提供重要保障。

中期报告的文本中包括前期工作进展情况、前期研究成效、存在的主要问题和困难、提出后期工作思路、重要变更说明、课题经费使用情况说明等内容。

前期工作进展情况是指从课题研究到汇报之前的工作回顾，也就是课题研究实施方案的执行情况。比如，研究者主要开展了哪些基础性工作（常见的有文献资料搜集、请款、课题培训、调查研究、考察等）？研究者完成了哪些重要的研究活动（如实验研究活动做了几次，做了哪些问卷调查，访谈了多少人，开发出了什么，组织了多少次有规模的与课题相关的专题研讨活动等）？针对这部分内容，如果是研究内容单一的课题，可采用时序式编写，即按任务完成时间的先后写，但重点放在本阶段研究工作的进展和结果（是否完成）上，避免记流水账。如果是研究内容比较多的课题，则可采用任务分项式编写，即一项一项地写，也可结合时序式和任务分项式这两种方式进行编写。

前期研究成效是整篇报告中最为重要的部分。一个中期报告写得好不好，是否能全面、准确地反映课题研究的基本情况，使课题研究成果具有推广价值和借鉴价值，就看这部分的具体内容写得如何。一般说来，这部分的文字内容要占整篇报告的 1/3 以上。这部分要表述的内容主要是，前期研究有取得哪些成果，有何价值或影响？如已形成的基本观点，理性思考，初步形成的解决问题的方法、途径，介绍产生的客观效果和社会影响，已形成的成果（体例、数量、影响）。通常这一部分要梳理阶段性的成果，如发表、获奖的论文，相关的专著，开发的实物，等等；所探究形成的解决问题的方法、途径在应用中是否产生其他的影响等。

存在的主要问题和困难。这部分内容的陈述要求比较简单，要求所找的主要问题和困难要准确、典型、中肯，不能泛泛而谈，"放之四海而皆准"（即每个课题研究中都可能存在的问题）。哪些表述是泛泛而谈的问题呢？例如，选题或结构还需要修改、资料获取问题、调查对象的确定和调查的实施问题、素材和数据分析问题、论文撰写问题、期刊论文发表问题、时间问题、经费不足问题和人力有限问题等等。

提出后期工作思路。这部分既要参照课题实施方案写出后期工作的重点和主要措施，又要针对前期工作中存在的主要问题调整工作思路，目的是明确怎样进行后续研究。

重要变更说明。对课题研究中出现的重大变化，会直接影响到课题研究内容和研究进程的应做相应的说明。重要变更说明包括变换课题负责人、变更课题组成员、变更课题承担单位、改变预期成果形式、变更课题名称、调整研究内容、延长研究时间、申请撤项、调整经费预算、其他相关的有必要说明的变更。当然，如果没有特别需要说明的，也可以不写。

课题经费使用情况说明。经费来源（专项经费划拨、单位资助、课题组自筹等）及如何使用（即经费使用在哪些方面，金额多少）都要说明。

重要变更说明和课题经费使用情况说明则视具体的课题情况来定。比如，小课题的课题组成员以一人为主，就不需要这样的说明；目前中学教育规划立项的课题绝大多数没有课题研究经费，就不存在"课题经费使用情况说明"一说。

（2）要做好中期汇报会的相关准备工作。中期汇报会的准备与开题会在会务的准备上大同小异，主要的差异体现在材料的准备上。中期汇报会的材料主要是中期报告、汇报的 PPT 等音像材料、中期报告中提及的阶段性成果的支撑材料；研究活动的台账；研究过程中重要的过程性资料，例如调研表格、访谈资料、经验总结交流稿、公开课教案、研究活动方案、活动的音像材料、媒体的报道、宣传和相关的反馈等。准备时要对这些材料分类整理、汇编，要有目录。

中期汇报会形式和注意点与开题会也类似，如要制订会议方案，方案中要明确时间、地点、参与人员、会议流程、记录员、宣传员等。

中期汇报的对象有学校领导、学校教科研负责人、上级课题管理负责人和聘请的同行、专家、学者。通常课题组也会把中期课题汇报看作课题研究过程中听取专家、学者指导意见和建设的重要会议。一次成功的中期汇报会可为后一阶段结题提供重要保障。

3. 怎样组织好课题的结题会

结题的过程其实也是对教师做科研的评价过程。课题结题（鉴定）工作是课题研究中非常重要的一块工作，包括结题报告的撰写和申请结题鉴定。关于结题报告的撰写，在本书后面章节会详细讲述，这里不再赘述。在准备好结题报告和结题材料后，课题负责人就要向有关部门申请结题，结题一般要经过专家鉴定。根据实际情况，结题方式分会议结题鉴定，通信结题鉴定和免于鉴定 3 种。本部分重点讲述会议结题鉴定，那如何开好结题鉴定会呢？

（1）准备好结题材料。准备好结题报告之后，课题负责人就可以进行结题。研究者可以根据实际情况采用不同的结题方式，但是不管哪一种结题方式，都必须准备好相应的结题材料。这些材料包括：①填写好的上级课题管理部门下发的《课题结题鉴定申请表》；②撰写好的课题研究报告；③已经发表的论文、公开出版的著作及课题产生的社会影响和效果的证明材料。比如，获奖证书，各级各类的专题讲座文件，新闻媒体的相关报道，高级别专家的评价，其他院校、地区使用课题研究成果的成效反馈，等等。

将收集的材料整理、汇编，装订成册。

结题材料要做的"齐、定、实、美"。"齐"就是文本齐全，"定"

就是全部文本都是定稿，"实"就是文本的陈述与实际的水平匹配，"美"就是要文本设计、印刷、装订精美。

虽然课题结题有不同方式，但是无论哪种方式，准备完备的结题资料都是第一要务。因为专家不可能全程参与研究的过程，只能通过提供的研究材料来分析、判断研究成果。所以除了一份高质量的结题材料外，必须要精心准备好档案材料，具体包括以下材料：

①课题立项文件性材料，准备阶段有情报资料汇编、现状调查报告和经验总结汇编；实施阶段有研究资料和内容汇编、研究过程的经验总结；总结阶段有研究课题的结题报告及一些附带的研究成果；最终成果形式有工作总结报告、本课题的结题报告（附活页，一式三份）。

②课题研究过程性材料包括课题实施方案、开题报告、课题研究计划、课题研究学习活动记录等。

③阶段性研究报告包括前后期调查分析报告、教案内容调研分析问卷及调查分析报告、学生作品分析报告等。

④课题研究成果性材料有两方面内容：一是显性成果。包括相关工作报告，如典型的教学教育案例（多媒体课件、教具、图表、音像资料、学生作品等）、讲课材料、评课材料、技能指导材料、产教结合材料、校企合作材料、社团指导材料、创新创业指导材料、课程开发材料等，有关课题研究的获奖证书和学生考试成绩、调查报告、观察报告、个案分析等。二是隐形成果，包括教师理念、行为方式转变和学生兴趣提高等等。

准备好这些材料以后就可以进行结题鉴定申请。

（2）结题鉴定申请。准备好结题材料之后，课题负责人便可以申请结题鉴定。课题主持人要做好以下工作：

在学校教科室初步审核完毕后，可与课题主管部门联系，送交结题鉴定文档，课题主管部门审查文档，核实材料是否齐全、是否完成课题的全部研究任务。

学校教科室与课题主管部门联系，领取立项的相应级别规划课题成果鉴定书，详细咨询撰写方法。随着互联网技术的发展，这一步基本上在网上填写。

与课题主管部门协商结题的鉴定方式，一般是由课题主持人提出，经课题主管部门同意即可。重点资助课题一般要求采取会议结题鉴定的形式，充分发挥会议结题鉴定对课题研究的作用。

与课题主管部门协商组成专家鉴定组。课题成果鉴定组成员一般为5—7人，不少于3人。重大课题的课题组成员（包括顾问）不能担任本课题的鉴定专家，所在单位及其上级主管部门参与鉴定的专家不得超过总人数的1/3。针对专项课题，经课题主管部门同意，也可以由所在单位专家组成员担任鉴定专家。

与鉴定组专家联系，双方商讨鉴定时间、方式。此阶段，课题主持人要开展许多联系、沟通工作，应留有较宽裕的时间。

若具有申请免鉴定条件的项目，则按有关管理规定办理。

（3）会议结题鉴定的运作。会议结题鉴定是省级规划课题结题鉴定的主要形式，特别是重点课题必须进行会议结题鉴定。这种形式一般需要召开同行专家会议进行评议。在鉴定会上，课题主持人先陈述研究过程，同行专家再对课题的成果进行鉴定，也可以对课题提出咨询指导意见。这种会议结题鉴定形式的优点是同行专家可以针对课题研究中的问题和研究报告的修改，与课题研究人员开展面对面的交流。课题研究人员能汲取专家对课题设计、研究方法、研究过程、研究成果等方面的指导意见，有利于进一步提升研究成果的理论与实践价值。但会议结题鉴定的组织难度较其他形式繁杂，且成本较高。

会议结题鉴定的具体程序是：①课题鉴定组织单位（或授权委托单位）负责同志介绍出席会议的鉴定专家、领导和课题组成员，并提出课题结题鉴定的具体要求；②课题鉴定专家组组长主持鉴定会并简要说明结题鉴定的程序及做法；③课题主持人向鉴定专家组汇报课题研究报告和研究工作总结；④专家组审阅课题成果及相关研究资料，鉴定专家提问，课题主持人和课题组主要成员进行答辩，专家组对研究报告提出修改建议；⑤必要时进行现场考察或召开相关座谈会；⑥专家发表个人鉴定意见；⑦休会，召开专家组会议并形成鉴定组的集体意见；⑧鉴定专家组组长发表总结性意见，并宣读鉴定专家组的鉴定意见，⑨鉴定专家组全体成员在"课题成果鉴定书"上签字；⑩课题主持人表明对鉴定意见的态度；⑪课题成果鉴定组织单位主管领导讲话。

课题主持人需要陈述的基本内容包括：①课题主要希望解决什么问题，为什么要研究这个问题，包括提出问题，研究综述、研究意义等，即提出研究的问题，介绍研究的背景，表述前人研究的成果，说明研究的意义。对这个部分的陈述不求面面俱到，但要扣住主题，简单扼要，讲清问题。②课题是怎样研究出来的，包括理论依据、研究目标、研究内容、研究思路和方法、研究的具体步骤和主要措施等。对这个部分的陈述要思路清晰，能使其他人明白究竟是怎样解决研究问题的，有哪些重要的研究经验可以借鉴。③研究的主要成果（结果、结论）及成果分析（包括理论成果和实践成果）。这个部分是陈述的重点，不仅要具体陈述课题研究有什么具体成果，如公开发表的论文、出版的专著等，还要提炼重要的观点，进行深刻的理性分析，用数据说话，以事实证明。④研究成果的影响，包括成果带来的社会影响和实际的效果。对这个部分的陈述要"有血有肉"，生动具体，有数据，有典型案例。⑤值得讨论和深入研究的问题等。

当然，假如学校条件有限，也可以开展简约版的会议结题鉴定，简约版的会议结题鉴定流程如下：

①课题组长向专家评审组汇报课题实验情况，课题组全体成员参加。②专家评审组及课题全体成员听课题汇报课（一般情况下听一节）。③专家评审组查看相关材料（要求准备较安静的场地）。④专家评审组就课题的实验情况向课题组全体成员提问，课题组成员答辩（课题组全体成员及校领导参加）。⑤专家评审组讨论并交流评审意见。⑥专家评审组向课题组反馈评审意见（课题组及校领导参加）。⑦课题主持人表明对鉴定意见的态度。⑧课题成果鉴定组织单位主管领导讲话。

第42问

课题中期检查时需要做哪些准备工作？

课题的中期检查是对科研项目实施的过程管理。对立项课题进行中期检查，其目的是促进课题研究质量的提高，保证课题能按照要求如期完成。通常课题的中期检查工作是由课题主管部门发出通知要求，立项课题负责人接到此通知后，根据要求认真撰写课题中期报告，主要是对课题进展情况进行阶段性总结。从研究角度来说，中期报告属于工作过程研究报告，中期报告的性质体现的是项目的可持续性。

一般来说，为做好中期检查工作，课题需要做的准备工作主要包括：项目实施的进度、质量和经费使用情况说明；如有变化，要说明项目调整及变更情况；前期研究实验（开题报告）和初步成果材料；撰写中期报告等。

在我国，科研项目原则上实行的是项目负责人责任制。因此，课题负责人应按项目进度要求，提交上述过程材料，接受监督检查。一般纵向课题中期检查须按政府主管部门要求进行，有专门的表格需要填写。横向课题的中期检查，依照委托部门已经确定好的管理要求进行。近年来，伴随课题管理职责的下放，现在的课题中期检查多为所在单位科研主管部门组织进行，完成后将检查结果报上级主管部门备案即可。这里需要特别注意的是，在中期检查时，若出现需要中止／重启或冻结／解冻的课题项目、改变最终成果形式、研究内容有较大调整等情况，课题负责人要提前告知学校科研部门或须提请学校学术委员会审核，并报政府主管部门批准后方可执行。

总之，课题中期检查是件非常严肃的事情，课题组要高度重视，最好的方法是课题负责人提前召集课题组成员共同研讨，相当于自查，并客观如实地将课题进展情况进行描述，不回避问题，通过课题中期检查，及时发现研究中遇到的难点、困惑与问题，及时纠偏，确保课题顺利完成，并为能产出一定量的高质量成果奠定基础。

第43问

怎样借助外力来高质量地完成课题研究任务？

一般来说，高质量的课题主要表现在：理论构建完备；对实践具有指导作用；有鲜明的创新性；切合实际，针对性强；研究方法科学规范；对研究结果的解释合理；论文或研究报告结构严谨、完整，论证深刻有力，可读性强。

作为一名学校研究者，要想高质量地达成上述目标，仅靠个人力量或校内研究小团队是很难成功的。因为职业院校的科研项目多为教育科研项目，或者是社会科学的软科学项目。这类项目研究的目的在于分析教育或社会现象，以解决重要的教育或社会科学理论与实践问题为导向，研究的类型多为应用性研究。而应用性研究的关注点多集中在通过各种科学方法、遵循科学的认识过程，根据对收集的教育或社会现象的事实材料进行科学的分析与认识，从而揭示现象的本质及运动变化的规律。

一直以来，职业院校教师的科研能力都比较薄弱，校内课题小团队几乎没有接受过较为系统的科研基本功训练，而教育科研需要有科学假设和对研究问题的陈述，研究问题要有明确的目标和可供检查的指标；需要有科学的研究设计，准确系统地观察记录和分析，并收集可靠的资料数据；需要运用科学和适用的研究方法进行研究；需要依靠科学的逻辑性获得真实的研究结果。这些对于职业院校教师而言，难度较大，因此，借助外力以高质量地完成课题研究任务十分必要。那怎样借助呢？

一是邀请专家做立项课题的开题工作。开题工作对于课题研究非常重要，有经验的专家会对选题真假、方案设计、实施路径等进行较为全面的合理性与可行性评判，对课题的重点、难点、困惑进行答疑指导，这是课题顺利进行的基本保证。

二是从课题研究核心成员处获得外力支持。职业教育具有很强的外部性特征，教育教学改革的各类课题，都离不开外部资源的支撑。"校、政、行、企"形成的内外部环境，正是课题研究的真实环境和缘由。所以申报者要考虑根据课题的实际需要在核心成员的构成上加入外部成员，来优化团队人员结构，保障课题研究可以获得各方支持。

三是在课题研究的过程中，定期邀请外部业内专家和相关领域人士参加小型课题研讨会，对研究过程中出现的问题进行剖析与求证，这些对于课题研究十分必要。

四是与不同的实验基地合作，通过它们获取一定量的样本，进行对比及实证研究，从而保证课题的信度和效度。

除了以上这4个方面，针对不同类型的课题，还应因势利导，以恰当的方式借助外力来高质量地完成课题研究任务。

第44问

当研究中出现成果与研究设计不一致时该怎么处理？

发现并提出有意义的问题是科学研究的起点。研究问题确定后，紧接着的工作就是研究设计。研究设计主要解决的问题是"要怎样研究"，也就是对本课题的选题、研究内容、研究方法、技术路线的基本设想和全面规划。主要任务一是制订课题研究方案，二是查阅相关文献。制订课题研究方案的内容包括阐释课题的意义与目的，确定收集资料的方法与工具，制订实证（实验）研究抽取与分配研究对象的方法，设定实施的步骤及过程，确定研究人员及时间进度等。查阅相关文献是进行课题研究的必经之路，通过文献资料的查阅，可以全面准确地了解课题研究的历史背景、研究现状、最新成果和学术发展前沿动态。

对研究成果进行恰当的表述，是研究的最后环节，也是研究工作的重要组成部分。成果的表现形式多种多样，根据成果的产出时限，可以分为阶段性成果和终结性成果；根据成果的形式划分，设计方案、实施方案、调查报告、研究报告、实验报告、总结报告、论文、著作、软件、教具、教材等都可以视为成果。通常，最终的主要成果一般以论文或研究报告的方式表述出来，其他的成果形式作为附件，以支撑材料的形式独立成册。

一般来说，一个课题的成果与研究设计应该一致。然而，教育科研与所有科学研究一样，具有自由的思考和公开的程序这两个关键性特征，具有自觉性、组织性、系统性、客观性、继承性、创造性和探索性等特点。同样由3个基本要素组成，即客观事实、科学理论和方法技术。因此，在研究设计方案实施过程中，有可能会对研究的方法、研究对象、分析变量、研究计划的基本内容和形式有所调整或改变，导致研究成果和当初的研究设计不一致。这种情况在课题研究中是允许出现的，只要研究是从问题出发，以问题解决为归宿，高质量地完成课题任务即可。

当然，在研究计划实施初期，如果发现研究设想和规划的成果之间有出入，应及早请专家指导，修改研究设计方案，并报单位科研主管部门备案。

一个优秀的研究者需要全面认识、准确强化思想上的反思功能，理论上的澄清功能，价值上的创造功能，方法上的示范功能，只有这样，才能对课题研究内容和研究方法的基本设想和全面规划做到事半功倍。

第 45 问

怎样做好项目研究阶段性成果的目标管理工作？

项目研究阶段性成果的目标管理就是指对研究期限内的不同阶段预设好的可能成果进行管理。要做好此项工作，要注意以下 5 点：一是研究项目要有明确规定完成的期限，即使是长期项目，也应当有中间的期限，因此，课题负责人要周密安排，用倒计时的方法，排列出各项工作的日程和最后期限，避免"两头热中间冷"的现象。二是分工合理化，能够各尽所能，量才使用。三是监督必须人性化，使每个成员都感到自己是整个研究工作的一部分。四是明确行为规则，促进成员之间的有效合作，排除对性别、年龄、民族、地域等方面的歧视。五是建立良好的研究环境和明确的学术道德规范，给每一个研究者提供表现其主动性和创造性的机会，促进个人的专业发展。

作为教育教学研究，其生命力在于应用性。这是教育教学研究的特性，为此，需要一定数量的实验基地（学校、班级）。同时，还要严格区分研究—实验—推广3个不同阶段及其特点，既要满足课题研究对实验学校（班级）的需求，又要避免副作用。一要严格控制实验基地（学校、班级）的数量，不是多多益善，一般控制在10个以内；二要筛选实验学校（班级）的条件，不能够来者不拒，一般要求中等水平；三要明确研究性质，签订任务合同协议，实现双赢。另外，对于一个样本抽样较多的课题，还要管理其核心组和子课题，特别是要明确子课题组负责人的责任和权利。

成功的项目研究还依赖于有效的数据库支持，因此数据保护和数据处理的好坏在很大程度上决定了研究项目的成功与否。因此，数据管理既是项目管理阶段性成果，又是目标管理的重要内容。对于数据管理：一要使数据尽可能精确，应有专人负责收集、录入和核查，核心是整理和核查数据的准确和完整，否则在项目研究中所花费的时间和精力将付诸东流；二要保存形式多种多样的数据，既有原始数据，也有合成数据；三要把数据存储到主数据库前要进行二次录入数据，原因在于计算机程序搜索校检的两次录入存在不同之处；四要永远留有数据备份，并随时做相应的更新；五要利用已输入的数据培训新手，有计划地讨论数据的收集情况。

目前，职业院校的科研管理活动还多局限于学校内部，待项目研究成果被科研主管部门鉴定后，项目科研工作便结束了，成果推广的环节没有引起科研主管部门足够的重视，尤其是对阶段性研究成果的管理表现得更为突出。而科学研究本身是一个开放性的活动，利用科研成果服务社会也是职业院校的重要职能之一。科研团队和学校科研主管部门都应积极主动加强与社会研究单位和其他相关部门之间的联系与合作，实现"产、学、研、用"相结合，加快学校成果转化的速度。

第 46 问

课题主持人如何把控项目研究的进度？

职业院校科研课题多为社会科学研究项目（教育教学研究也属于社会科学的范畴），社会科学研究分为基础研究和应用研究。近年来，人们更加认识到社会科学研究的目的和重心在于改造世界，其中应用研究更是引起大量关注。院校研究者多进行应用性研究或基础性与应用性相结合的研究。同时，随着全球化和信息化时代的到来，多学科、多方法的综合运用越来越明显，当今教育教学研究的复杂性、综合性及研究工作的高难度和高强度，逐步超出了管理机构和研究者个人的智力、时间和精力等可支配资源所允许的限度，这决定了大多数课题项目必须采取合作管理的方式进行，使项目研究具有团队合作的性质。

项目主持人如何把控项目研究的进度？实践证明：最好的管理来自研究团队自身的管理，关键在于依靠法律、经济、行政、信誉和传统等多种手段，形成责权利相统一的合理机制。当然，项目主持人作为项目管理的第一责任人，要确定项目研究内容和方法，明确重点和难点，选择适宜的研究成员，做好分工，保障研究成员的基本工作需求，并提出课题项目的具体要求。在现行的科研管理运行中，项目主持人要针对项目形成环环相扣的链条，做到目标精准，时限明确，定期研讨，督促检查，及时反馈，这些是把控项目研究进度的最基本保障。

教育教学研究已经成为学校发展的重要支撑。当前，各种建设项目比比皆是，个人项目研究问题的选择几乎与学校的发展、人才的培养、社会的要求息息相关。教育研究工作已经从个人活动上升为社会和国家事业。为此，项目主持人还需要充分了解我国复杂的政府科研资助体制，以及国内外各种科研资助机构的性质和关注领域，在项目的研究方案设计之初，就要将研究进度作为重要一环，进行精确的预判，确保项目顺利如期完成。

二、团队管理

（怎么进行科研团队管理）

第47问

课题负责人怎样对团队成员进行合理分工？

一个人只能走得快，一群人才能走得远。因此，课题负责人要根据课题组成员的水平、能力、岗位及特长进行分工，把每项工作都落实到人，以确保研究任务的如期完成。课题组的分工必须明确合理，让每个成员了解自己的具体工作责任和时限，不能吃大锅饭，人员结构要尽可能考虑到研究专长的互补。在分工的基础上，课题负责人也要注意全体人员的合作、研讨，共同克服研究过程中的各种困难和问题。针对综合性强、涉及面广的课题，课题组还可建立课题领导小组，下设子课题组并明确负责人，必要时聘请课题研究顾问，以加强对课题的协调和指导。

（1）课题主持人。确定课题申报的主题，负责课题的立项申报，把握课题研究方向，撰写各个阶段的成果报告。

（2）理论研究者。为确保课题研究的高度和深度，课题组可以邀请具备一定教科研能力的老师担任理论研究者。首先，在明确课题研究方向后，围绕课题研究方向，搜索国内外相关研究成果，而后进行对比，从而提出本课题研究的必要之处。其次，为课题研究实施寻找理论支撑。最后，在后续课题研究过程中，不断根据理论指导实践。

（3）案例实践者。课题研究过程要做许多具体的教育教学设计和案例分析，因此非常有必要寻找一位在这方面有一定能力的老师，围绕课题研究主题，开展各个项目活动。在实施之前，案例实践者与课题主持人、理论研究者不断沟通，为后续资料收集者填写相关记录表格提供支持和帮助。

（4）活动评价者。案例实践中离不开学生的参与，学生参与到教育教学活动中必然会涉及各项数据、材料、作品等的评价工作。活动评价者帮助案例实践者按照案例活动的评价标准进行准确真实的评价，减轻案例实践者的压力，同时也可以给案例实践者和资料收集者一些建议。

（5）资料收集者。资料收集者围绕开展的课题中的各个案例进行资料收集，填写相关课题记录材料。在填表的过程中，与案例实践者进行沟通，确保统计材料的真实有效。

第 48 问

怎样有效发挥科研团队人员的作用，使大家各尽其责？

"以人为本"，如何真正落实在"服务"上，是一项复杂的系统工程。科研管理中的工作应该是各司其职，这不仅体现在为课题本身服务的层面上，还应体现在职能部门之间的服务上，只有服务畅通，才能实现有效的管理。

一个科研项目的负责人，要有资源融合能力，具备较强的组织协调能力和社会活动能力，要具有无私奉献的精神，要能做到不计名利甘当铺路石，心甘情愿为别人做嫁衣；了解其他成员的优点，比如有的擅长做基础研究，有的擅长做软件模拟，有的擅长实验操作，有的擅长对外交流，因此要统一协调，让大家有序工作，有的项目团队中还要有一个通联人员，既要有相应的学历又具有思想修养较好、办事较公平的素质，有熟练使用现代办公设备自动化的能力又有组织能力和较好的汉语文学功底，与相关部门领导不断沟通，打通工作流程。只有这样，才能发挥科研管理人员在课题中的作用。

如何有效发挥科研团队人员的作用是项目负责人需要重视的大事，优秀的团队才能有好的科研成果。一个优秀团队一般具有以下特征：

（1）目标一致。共同的目标是一种意境。团队成员应花费充分的时间、精力来讨论、制订他们共同的目标，并在这一过程中使每个团队成员都能够深刻地理解团队的目标。以后不论遇到任何困难，这一共同目标都会为团队成员指明方向。

（2）具体目标。将团队共同的目标分解为具体的、可衡量的行动目标，这一行动目标既能使个人不断提升自己，又能促进整个团队的发展。具体的目标使得彼此间的沟通更畅通，并能督促团队始终为实现最终目标而努力。

（3）承担责任。建立一种环境，使每位团队成员在这个环境中都感到自己应对团队的绩效负责，为团队的共同目标、具体目标和团队行为勇于承担各自的责任。

（4）关系融洽。团队成员之间应该互相支持，积极沟通，彼此之间坦诚相待，相互信任，并勇于表达自我。

（5）齐心协力。团队成员应为实现团队目标做出共同的承诺，为着共同的目标而努力工作，并在工作中相互协调配合。

（6）和谐的领导艺术。团队的领导者要能够做到使对任务的需求、团队的凝聚力及个人需求达到平衡、和谐。

（7）短小精悍。团队的规模不宜过大，应短小精悍，其规模一般不超过 10 人。

（8）技能互补。出色的团队应包含如下几类人员：专家型人员，善于解决问题和果断做决策的人员，拥有善于人际交往的人员。各种人员的正确组合是团队成功的关键。

（9）行动统一。团队成员必须平等地分担工作任务，并就各自的工作内容达成一致。此外，团队成员需要在如何制订工作进度、如何开发工作技能、如何解决矛盾冲突，以及如何做出或修改决策等方面，达成共识。

（10）反应迅速。团队应该着眼于未来，视变更为发展的契机，把握机遇，相机而动。

第49问

借助高校、企业和政府等共同合作开展项目研究应注意什么？

职业院校教师的科研水平相对高校教师的研究水平来说，肯定会有较大差异，毕竟所从事的对象和工作重心不同，所以当开展项目研究时，和高校老师合作共同开展研究工作是一个非常好的形式和途径。职业院校和高校联合开展项目研究也是职业院校内涵发展的需要，是培养职业院校教师骨干的有效途径。但需要注意的是，在合作开始之前，需要把相关的合作细节协商到位，把需要承担的责任和义务等都商量清楚，并用文字的方式固定下来。

职业院校与高校、企业和政府等合作的工程中，特别需要注意以下几点：

（1）注意"政产学研"合作：政府在制定合作发展的战略规划、重大政策及协调重大合作项目等方面发挥主导作用；高校和科研机构要着眼于高技术的研发工作，提供最新的技术和研究成果；企业要紧抓应用技术的研究开发和工艺创新，并将科技成果商品化。

（2）中介服务组织建设。高校要按照"组织网络化、功能社会化、服务产业化"的原则，加强科技中介服务组织建设，建立科技成果转化服务平台和专利信息公共服务平台，充分发挥和完善技术服务、技术评估、技术经纪及信息咨询等方面职能，有效地促进企业与高校、科研机构之间的合作。

（3）利益与风险共担。科技成果转化既具有高风险性，又具有高收益性，高风险和高收益同时并存。企业可以把高校和科研机构向生产领域和市场方向推进，减少企业的风险压力。

（4）建立和完善产学研合作。产学研多方位的合作，减小了企业的压力；师生与企业人员共同参与技术的研发，使技术研发具有有效性、实用性、可靠性、复杂性、先进性、不可替代性和不易模仿性。

（5）抓住有利于产学研合作创新的政策环境。政府为促进科技成果快速转化提供了各项宏观方面的帮助，如给企业、高校、科研机构应有的自主权，制定和调整有利于科技成果转化的相关政策；同时，通过相关措施，促进科技成果转化和企业技术创新的结合。

第 50 问

借助企业共同合作开展项目研究应注意什么？

校企合作、产教融合是职业教育的发展之路。职业院校开展科研工作是提高教学质量，满足行业、企业人才需求的重要途径。在产教融合办学的大前提下，职业院校科研工作应该走出一条具有鲜明职教特色的发展之路。校企双元育人是中等职业教育的基本特征，即只有校企双方联合开展科研工作，才有可能持续进行人才培养，培养出企业留得住、用得上的实用型技能人才；也只有校企双方联合开展科研工作，才能让职业院校真正具备服务地方、解决企业问题的功能。

那么，在校企合作中开展科研工作应该注意以下问题：

1. 在校企合作项目中开展科研工作

每个职业院校都已经存在一些校企合作项目，如现代学徒制试点项目、校企共建实训基地项目、校企共建大师工作室项目等，这些校企合作项目为科研工作的开展提供了坚实的基础。一是过程的基础，有些校企合作项目开展多年，已经有了成熟的做法和一些成果，这些都是开展科研的重要积累。二是问题的基础，在校企合作项目的实施过程中一定会遇到一些问题，而且一定也有某些尝试，这是开展研究的重要契机。三是人员的基础，通过合作，校企双方人员逐渐熟悉，且对合作项目也逐步熟悉，这是开展合作研究的重要保障。

2. 在"教师下企业"时开展科研工作

职业院校教师需要在 5 年内有不少于 6 个月的"下企业"实践时间，教师"下企业"是校企双方合作开展研究工作的好时机，有时间、有机会深入企业、深入岗位、深入员工，让教师获得了来自企业的一手资料。

根据"下企业"实践的性质不同，可以基于教师"下企业"这个活动开展以下研究：一是有关就业的研究，如企业用人要求、毕业生就业现状等；二是有关企业技术的研究，如校企技术差异、为企业解决技术难题等；三是有关企业管理的研究，如企业管理现状、管理流程创新等；四是有关人才培养的研究，如人才培养方案的优化、校本课程建设等。

3. 在产教融合热点上开展科研工作

产教融合是当前职业教育领域的热点和难点，校企人员合作开展与产教融合有关问题的研究，无论基于哪个角度、哪个领域，可以说都是当前政府极度关注的点。这些研究极具价值，容易立项，且容易实现成果转化。例如，产教融合模式、生产性实训基地建设的研究（包括机制建设、校企文化、运行方式、人才共培共育等问题）、"育人链"与"产业链"无缝对接的问题研究等都是产教融合的热点问题。

三、研究方法

（掌握必要的科研研究方法）

第51问

常用的研究方法有哪些？

有的老师在想研究方法的时候可能会比较头疼，因为他们没有接受过专门的研究方法培训，不会运用那些看起来"高大上"的方法。其实，研究方法只是我们在回答职业教育科学研究问题时所应遵循的一般程序和准则。我们应该根据所要研究的问题和自己的研究能力、资源等选用最合适的研究方法，而不一定要选用那些看起来"高大上"的方法。据了解，职业院校教师在科学研究中用得最多的研究方法是文献研究法和调查研究法，下面将对它们做简要介绍，其他一些研究方法，如历史研究法、比较研究法、实验研究法和行动研究法等，感兴趣的老师可以找一些知名度较大的专家的相关著作来看看。

1. 文献研究法

文献研究法是指研究者在系统全面地搜集、查阅与研究问题相关的文献资料的基础上，通过分析、整理、推论等手段，了解和认识研究对象的一种研究方法。这里的"文献"，是指用文字、图形、符号、音频和视频等方式记录下来的所有关于人类知识的资料，如图书、报刊文章、研究报告、网络日志、录音、录像带、影片、档案、文物等等。

文献研究一般由确定研究问题、文献搜集与整理、批判性阅读和撰写文献述评4个环节组成。在文献搜集与整理环节，研究者可以利用常规检索法和跟踪检索法等检索方法，适当运用书目、索引、文摘等检索工具和手工检索、计算机检索等检索方式，获取想要的文献资料。文献搜集到之后，先要进行真伪鉴别，找出必要的文献，剔除有错误和质量不佳的文献。然后，结合研究需要，按照一定的标准（如文献发表时间、文献研究主题等）对文献进行分类，使其系统化、类别化。在批判性阅读环节，研究者要对文献资料进行去伪存真、去粗取精、由表及里的加工。去伪存真是指剔除错误文献和内容重复、陈旧过时的文献。去粗取精是指综合考虑文献内容、文献作者和文献发表载体，选出与研究问题相关的核心文章。由表及里是指通过仔细阅读精选出来的核心文章，把握所研究领域内近年来讨论过哪些问题，有哪些分歧意见，有哪些代表人物和主要著作、主要倾向，同时认真推敲各种观点和论据，考察其研究思路和研究方法。在撰写文献述评环节，研究者要用精练的语言描述研究问题的"历史发展"，并对其相关理论、观点、方法、技术和数据等进行分析评价；研究者不是对已有研究成果进行简单的介绍与罗列，而是要系统总结相关研究领域内的进展情况，并结合本国、本地区的具体情况和实际需要提出自己的见解。

2. 调查研究法

调查研究法是指在相关理论的指导下，通过运用观察、列表、问卷、访谈、个案研究及测验等科学方式，搜集与研究问题相关的资料，从而对研究现状做出科学的分析，并提出具体工作建议的一整套实践活动。按照调查采用的方式方法，调查研究法可以分为4类：第一类是调查表法、问卷调查法和访谈法。这一类方法主要通过被调查者自我报告的方式来搜集资料。第二类是观察法和个案研究法。在这一类研究方法中，研究者通过自己的感官等方式搜集资料。第三类是测验法。这一类方法通过一定的测试题来搜集有关资料。第四类是总结经验法。在这些具体的方法中,职业院校教师们用得比较多的是问卷调查法、访谈法和个案研究法。

不同的调查研究法在程序上各有侧重,但在操作时都要遵循如下 8 个步骤:第一步,根据研究课题的性质、目的和任务,确定调查对象和调查地点,选择相应的调查类型和调查方式。第二步,拟订调查计划,包括确定调查提纲和安排调查工作程序。在这一步要考虑 3 个方面的问题:一是调查项目能否有效地反映所要研究的问题,项目的构成是否合理简便;二是如何对项目进行比较科学的分类,大项目如何分解成若干具体的小项目并形成比较完善的可操作的调查提纲;三是如何制订与分类标准相适应的评价标准,以便对获得的资料进行统计处理。第三步,做好各种技术、事务和组织准备,包括培训调查组成员、资料和有关调查仪器的准备。第四步,进行试探性调查,得到对被调查对象的一般认识后,修改调查提纲及工作方案。第五步,制订调查表格、问卷、观察和访谈提纲,以及编制测验题目。第六步,实施调查。运用各种调查方式了解情况,获取相关材料。第七步,整理调查资料,分析调查结果,并得出调查结论。第八步,撰写调查报告。对所研究的问题做出解释,提出对研究的意见和建议。

第 52 问

怎样用好文献研究法?

文献研究法是根据一定的研究目的或课题,通过文献检索、资料收集、信息加工等步骤而形成一定观点或结论的研究方法。文献研究法是一个非常重要的研究方法，它既可以作为独立的研究方法来使用，也是社会科学研究中不可或缺的辅助性研究方法或必要阶段。

一般情况下，文献研究法比较适用于以下3方面：一是研究中的阶段性文献总结，即主要围绕某一个研究主题进行文献检索、收集并归纳总结，形成现有研究的现状分析，往往作为研究的理论背景；二是研究中的趋势分析，此时文献研究法就成了一种独立的、完整的研究方法，通过大量的文献梳理，从纵贯研究中认识研究因素的发展趋势；三是探索性研究，此时运用文献研究法不是为了得到研究总结或发展趋势，而是形成对有关问题和研究对象的整体印象，形成开放性的研究框架。

在实践中，使用文献研究法一般经过以下5个阶段：

（1）确定研究目的和问题。包括文献研究法在内的其他各种研究方法，在使用前都要先确定研究目的和问题，因为这决定了研究的整个过程。如果文献研究仅仅用于某个研究的文献综述部分，那么研究者可以根据研究需要界定所要搜索的文献时间区间及内容范围；如果是将文献研究作为一个独立、非辅助性的研究，那么研究者就需要进行更广范围的文献搜寻，并且形成理论文献发展脉络及体系。

（2）开展文献收集工作。首先，要确定文献收集和描述的范围。这里的范围是指文献的内容范围、时间范围和文献类别。其次，要做好收集文献和描述文献的准备工作。最后，根据已拟定的研究方案和目的，进行文献收集。文献收集的途径主要有两个：一是图书与文字检索；二是电子与数字检索。

（3）文献浏览与整理工作。文献收集之后，研究者就进入了文献浏览与整理工作。文献浏览不是一次性的，往往需要经过2—3次。这一阶段所提的浏览是初次浏览，其目的是文献整理。为此，研究者主要从研究主题、研究框架、研究核心观点等角度，评估该文献是否有价值，进行再次浏览与整理，并删除价值不高的文献。经过初次浏览，研究者将对现有文献进行整理。整理是为了使搜集到的原始文献资料系统化、条理化、简明化。

（4）文献提炼与解读。经过前面阶段的初次浏览与整理，研究者要对有价值的文献进行再次浏览与精读，并对核心观点与素材进行提炼。提炼是对原有文献的理论概括和再次升华，研究者可以通过描述文献间的逻辑关系，加大对现有文献的"糅合"，为后续文献分析提供基础。

（5）文献分析。文献分析包括统计分析与理论分析。统计分析是采用引文分析 HistCite 等软件对现有文献进行数量统计分析，剖析文献间的关联系数及前后向联系；理论分析则是基于定性角度，描述文献的核心观点及内部逻辑架构，如概念模型等。研究者可以根据研究需要，合理运用统计分析与理论分析方法。

第 53 问

社科类科研项目如何开展访谈工作？

任何一种研究方法都是为研究目的服务的。访谈的优点在于效度高，能深入了解人们的观点、态度和经历，方式灵活，弹性大，但访谈同样也存在信度低、样本量少、概括性差等缺点。因此在开始访谈前，先要确定访谈是否是适合自己科研项目的研究方法，是否可以通过访谈获得所需的资料。如果访谈是适合的，且可以通过访谈获取所需的资料，便可在研究中使用。访谈可以按以下流程展开：

1. 准备阶段

在访谈开始前，研究者要围绕研究目标确定访谈对象，明确访谈内容，制订访谈提纲。在一个项目中，可以有多种类型的访谈对象，如在调查城管执法问题的时候，可以同时选择城管执法人员和经营户（小贩）两个群体为访谈对象，之后需要根据不同的访谈对象制订访谈提纲。针对一些群体，如城管执法人员，往往需要通过已有的资源渠道联系到相关负责人，确定适合接受访谈的人员。在访谈前要尽可能详细地了解访谈对象的情况，如性别、年龄、岗位、工作经历等等。对另一些很难提前预约的访谈对象，如街头摆摊的小贩、在田间种地的农民等，也需要在访谈前尽可能了解这个群体的信息。

2. 访谈预约

对可以提前预约的访谈对象，一般情况下需要提前与其进行预约，向其说明自己的身份、访谈的目标和内容，并约好访谈的时间，以及访谈可能持续的时长，以方便对方安排好时间。

3. 访谈开场

访谈可以是面对面访谈，也可以通过电话、微信语音等方法进行访谈。但是不论采用哪种方法，在开始访谈时，访谈者一定要先向被访谈者表达歉意，如"对不起，打扰您休息了"，或是"不好意思，耽误您的时间了"等，要表现出诚恳和感激的态度。同时，还要简单扼要地再次说明访谈者的身份及访谈的主要内容。在一些情况下，需要向被访谈者说明所有的访谈内容都会做保密处理，不用担心访谈内容会被泄露，以打消他们的疑虑。

4. 访谈进行和记录

访谈过程中有很多技巧，如访谈一般从轻松愉快且易于回答的问题开始，消除拘束感，拉近双方距离，建立有利于访谈的氛围，然后再逐渐将话题引向访谈的内容。在被访谈者回答问题的过程中，访谈者要专心听，并认真做好记录，对被访谈者的一些话及时做出反应，如点头等。这可以让被访谈者觉得访谈者非常在意他的回答，使他觉得他的回答是有意义和有价值的。在访谈过程中，访谈者不能只埋头记笔记，不与被访谈者进行任何目光的交流，也不能一直盯着被访谈者看，让被访谈者觉得不自在。如果有充足的人力，最好给每一个访谈者搭配一名访谈助理，访谈者在进行访谈时，助理可及时记录被访谈者的话，对于访谈者不小心遗漏的问题，助理也可以进行提醒和补充。

5. 访谈材料处理

访谈是一种资料收集的方法，不是资料处理的方法。对于收集回来的访谈材料，研究者要认真思考处理的方法。首先，需要将语言全部转变成文字，现在已经有不少录音软件可以直接将语音转成文字。其次，需要对不同的被访谈者的材料进行编号和整理。最后，考虑采用什么样的资料处理方法：如果希望对材料进行定量分析，则可以采用内容分析等方法；如果希望进行理论建构，则可以采用扎根理论的方法。需要注意的是，不同的资料处理方法，对访谈材料的要求是不同的，如扎根理论要求访谈必须进行到没有新的内容出现时才可以结束，否则就需要一直寻找新的访谈对象。所以要根据采用的资料处理方法，来决定访谈所需要进行到的程度。

第 54 问

访谈法的类型和开展程序

访谈按开放程度可以分为结构式访谈、半结构式访谈和无结构式访谈。这 3 种访谈的区别主要体现在访谈提纲的设计和访谈流程中。结构式访谈需要有非常详细的访谈提纲，一般情况下要列出访谈中需要提的所有问题，在访谈中要按照访谈提纲的问题进行提问。结构式访谈的优点在于所有的访谈结果都是针对原有特定问题的回答，可以看到所有被访谈者对同样问题的不同回答。半结构式访谈是围绕研究问题列出一些提问方向或主要问题，不设计具体的细节性问题。这使得访谈过程相对结构式访谈更加开放，同时也能够较好地避免访谈过度偏离主题。无结构式访谈只确定访谈主题，但是不确定具体的问题，访谈过程非常开放，访谈者和被访谈者围绕特定主题自由畅聊。这种访谈的优点是，由于没有限定问题（思维），访谈者经常可以在访谈过程中获得更多的"意外"惊喜，但是这种方法对访谈者的要求较高，如果是没有受过训练、缺乏经验的访谈者，可能会使访谈过程变得过于发散，甚至被访谈者牵着走，无法获得有价值的回答。

按照访谈对象的人数，也可以将访谈分为一对一深度访谈和小组（集体）访谈。一对一深度访谈每次只访谈一个被访谈者，由于没有其他人在场，所以被访谈者有时候更愿意说出自己内心的想法，访谈可以进行得较为深入。如果访谈涉及较多个人隐私，或是需要深入了解个人的感受或经历的，或是针对某些特殊群体的，一般采用一对一深度访谈，如对企业家创业经历的访谈、对吸毒者的访谈调查等。小组（集体）访谈则由访谈者组织多名被访谈者，在一个场地内同时进行访谈，小组（集体）访谈的优点是可以同时访谈多人，节省时间和精力，同时也可以鼓励小组成员之间进行讨论和交流，激发大家的发言积极性。如公司针对消费者对商品满意度的调查，就可以采用小组（集体）访谈。针对某个企业一线工人的大规模访谈调查，也可以采取小组（集体）访谈。需要注意的是，很多时候小组（集体）访谈可以和一对一深度访谈一起使用，如在小组（集体）访谈结束后，对重点人员再进行一对一深度访谈。

在访谈工作开始前，研究者一定要根据研究目的、被访谈者的特征及访谈工作开展的条件进行综合考虑，认真选择访谈的方法，这样才能事半功倍。

第 55 问

实施访谈法时需要注意哪些问题？

1. 访谈提纲的设计

访谈提纲是访谈能否有效进行的关键。在访谈开始前，研究者要围绕研究问题认真思考和设计访谈提纲。在提纲设计完成后，研究者可以与专家、同事、朋友一起讨论，重点思考提的问题是否已经能够有效地覆盖和回答要研究的问题？问题的遣词造句是否合适，是否会让被访谈者觉得难以理解？提问的方式是否合适，是否会引起被访谈者的不适？提问的顺序是否合适，如是否按逻辑步步推进？敏感性问题是否放在了最后面？如果访谈进行到一半无法进行，那是否已经能保证获得了最重要的结果等。

2. 对访谈者的培训

很多访谈因为涉及的被访谈者人数较多，所以需要多个访谈小组同时推进。访谈是较易受到研究者影响的一种研究方法，被访谈者的表现往往受到访谈者的影响，因此，当有多个访谈小组同时开展访谈工作时，要请专业的人员对访谈者进行培训。培训内容包括：帮助访谈者熟悉访谈提纲，要求每一个访谈者都能像与人聊天一样自然又准确地说出访谈提纲上的每一个问题；帮助访谈者掌握访谈中的各种技巧；告知访谈者各种注意事项，包括访谈中的人身安全事项。需要注意的是，如果每一个访谈小组的访谈人员有两个以上，则需要安排好每个人员的分工（确定如访谈提问、现场记录、人员组织和现场秩序维护等具体由谁负责），保证每个人员都了解自己的工作内容并能与同组的其他人员进行有效的配合。

3. 访谈记录

访谈记录对于访谈来说非常重要，对其的一般要求是"及时、完整、真实"。在访谈中，一般是访谈者进行现场记录，如果被访谈者允许的话，可以进行录音记录，如果无法录音，则应由一名记录员在现场尽可能详细地记录被访谈者的谈话。记录要尽可能完整，不但要记录被访谈者所说的话，有可能的话可以记录下被访谈者的语气、停顿、表情和动作。如果被访谈者说的是方言，则最好记录方言。不要随意改动被访谈者所说的话，不要尝试去概括和归纳被访谈者的话。访谈者在访谈中对被访谈者的感受，如"他似乎犹豫了"，也应及时记录在记录本上。如果在现场不方便记录，则应在访谈结束后，尽快记录和整理访谈材料。

4. 访谈中的伦理道德问题

访谈记录有时候会涉及伦理道德问题，一些特殊的群体，如政府公务人员，当他们知道访谈者在记录时，往往不愿意完全表达自己的真实想法；又如一些参加抗议和游行的人，当发现访谈者在录音时甚至会直接拒绝接受访谈。这时候有一些访谈者不得不采用偷偷录音的方式。实际上，这种做法是违背调查伦理的。但是不论怎样，访谈者至少应该在处理访谈材料时对材料进行"匿名化"处理，以访谈编号来代替访谈者的真实信息，并尽早切断被访谈者和编号之间的联系。

5. 访谈中的各种细节和技巧

如何正确引导被访谈者。对于沉默寡言的被访谈者，如何引导他们开口说话；对于滔滔不绝的被访谈者，又如何不易觉察地打断他们，并把话题重新引回访谈者想了解的内容上。相关的访谈引导技巧在社会研究方法的书籍上可以找到。又如，访谈时的穿着。访谈者在访谈时应尽量穿着与被访谈者的身份地位相一致的衣着，尽量避免让被访谈者产生你与他们不是同一类人的感觉。按照艾尔·巴比的说法，如果做不到这一点的话，那就选择穿符合社会大多数人标准的中产阶级的衣服。

第 56 问

哪些项目需要用问卷调查的方式来进行研究？

问卷调查是一种常用的研究方法，可以用于对各种社会问题的研究。总体来看，可以用问卷进行调查的内容包括：

1. 对现状的描述性调查

如全国的人口普查，对农民工群体在城市的生活状况的调查。通过调查可以了解这些人群的性别、年龄、收入、受教育程度、工作岗位、工作过程、工作状态等一系列情况。这类调查结果经常用于进行描述性统计，再通过统计分析描绘出某一社会群体或社会现象的"图像"。

2. 对社会问题的调查

如对校园暴力问题的调查，对某些行业职工职业倦怠问题的调查等。这类调查主要侧重于了解问题的现状（严重程度）和发展过程，分析问题产生的原因，剖析问题带来的结果等。研究者经常基于一定的研究假设建立变量之间的关系，并通过问卷调查和对结果的统计分析来对研究假设进行检验。

3. 对社会态度或民意的调查

如每年在全球范围内进行的世界价值观调查，美国的民意调查，对地方政府信任度的调查，市民对城市垃圾分类政策的看法的调查等。当某一特定的社会问题发生时，也可以通过问卷调查的方式了解社会民众对这一问题的看法和态度。

4. 对社会行为的调查

如厂商想要了解广告对消费者行为的影响，就可以进行此类调查。对职业技术学校学生就业选择行为的调查也可以归入此类。

需要注意的是，一次调查往往可以包含以上 4 种内容中的多种，如调查职业技术学校学生就业选择的同时也可以调查影响学生就业选择的因素、学生对学校就业政策的态度等。

第 57 问

问卷调查法有哪些优势和局限性？

问卷调查法的优势包括：

（1）比较经济和快捷。相对于实验研究法、访谈法等研究方法，利用问卷调查法，则花费在每一个调查对象上的成本相对较低，尤其是通过网络发放的自填式问卷调查。当然，如果是一对一的入户调查，则费用会相对较高。

（2）可以实现对大样本的研究。通过问卷调查，可以对数百上千甚至上万上亿人进行调查。此外，即使不是普查，也可以通过科学的抽样方式，选择合适的样本，并通过推论统计，实现从样本到总体的推导，因此，科学的问卷调查结果往往可以得出具有总体性特征的研究发现。

（3）可以在更大的区域范围内获得数据。问卷调查更容易在更大的范围内开展，特别是现在有了网络电子问卷以后，在全国甚至全球范围内进行问卷调查的成本基本上已经等于在本地进行问卷调查的费用。

（4）匿名的问卷可以获得更加真实的结果。在访谈中，由于面对访谈者，被访谈者经常会隐藏或修饰自己的真实想法。而匿名的问卷则可以让被调查对象写出自己的真实感受。此外，为了防止被调查对象乱填问卷或在问卷中撒谎，有些问卷设计者会在问卷中放入测谎的题型，这样可以有效排除无效的问卷。

（5）较少受到研究者人为因素的影响。问卷调查由于科学的抽样和标准化的问卷，因此相对于实验和访谈而言，调查结果较少受到研究者的影响。

当然，问卷调查也具有一定的局限性：

（1）问卷调查的深度有限。问卷调查无法像访谈一样对样本进行深入的调查，特别是在研究复杂的社会问题时，问卷调查的结果总是显得有些肤浅，而无法实现"深描"。

（2）标准化的问卷会影响调查的效度。为了使问卷调查结果更易于进行统计分析，因此调查者总是采用某种固定的量表格式进行调查，如利用李克特量表对满意度进行调查时，经常采用"非常满意""比较满意""一般""不太满意""非常不满意"这样的回答，使结果呈现出定距变量的特征，但是这样等于将所有人的回答都局限于这 5 种，而排除了其他的可能。

（3）会受到研究者前期假设的干扰。问卷经常是基于研究者的假设进行设计的，为了使自己的研究假设得到验证，研究者总是自觉或不自觉地设计出带有偏向性的题项，使研究结果并不完全客观。

（4）采用不合适的调查对象。科学的问卷调查建立在科学抽样的基础上，但是在现实中，一些研究者可能采用偶遇调查的方式，只调查易于调查的人群。如有学生想要了解本校学生对食堂菜品的满意度，就站在食堂门口对过路的学生发放问卷进行调查，但是这样的调查却漏掉了不在食堂用餐的学生，而这些学生可能正是对学校食堂菜品最不满意的人群。

第 58 问

举例说明如何编制问卷

问卷编制之前研究者需要完成大量的前期工作。第一，围绕研究目标，明确希望通过问卷获得哪些数据，如"我希望通过问卷了解影响职教学生就业情况的因素"。第二，将研究问题进一步具体化，提出研究假设和研究维度。如影响学生就业的因素可能包括家庭背景、学校学习情况、地区经济发展水平等，因此可以提出研究假设"家庭背景越好的学生，获得好工作的可能性也越大"。第三，继续将核心概念进行概念化和操作化。概念化就是给概念下具体的定义，如考虑"什么是家庭背景"；

操作化是使概念可以被测量，如家庭背景可以通过家庭收入、父母的职业地位等指标进行测量。通过这些工作，可以在研究维度下建立可以进行测量的指标。在进行上述工作的同时，还需要进行一些初步调查，如找一些调查对象进行访谈，了解些初步的情况。所以有些调查问卷是基于前期访谈的启发而设计出来的。如果问卷设计者只是凭借主观的想象，而没有对现实情况进行了解或者对文献进行梳理，那么最后设计出来的问卷可能和现实之间存在较大的差距，也并不能得出真实的结果。

问卷结构包括：

（1）封面信。需要在封面信中说明调查者的身份、调查目的、调查内容和保密措施等内容。如：

问卷编号：

××职业技术学院学生就业情况调查

亲爱的毕业生：

您好！为了解我校毕业生的就业情况，为学校制定毕业生就业政策提供建议，我们对我校20××届毕业生进行问卷调查。本次调查可能需要耽误您10分钟左右的时间，回答没有正确与错误之分，您只需根据自己的真实情况进行填写即可。

在回答结束后，您将获得一份随机红包。感谢您对母校就业工作的支持！

××职业技术学院学生就业指导中心

2020年×月×日

（2）指导语。指导语主要用来指导被调查对象如何填写问卷，包括问卷填写的各种解释和说明。

（3）填答说明。①除非有特殊说明，否则以下选择题皆为单选。②请在您觉得正确的答案号码上画圈。③填写问卷时，请您独立完成，不要与其他人商量。

（4）问题及答案。问题分为开放式问题和封闭式问题，一般在问卷中，可以同时使用这两种题型。此外，也可以使用量表，如李克特量表、语义差异量表、瑟思东量表、社会距离量表等。量表可以让回答更加标准化，提高回答的测量层次，便于做统计分析。其中，李克特量表是较为常见的量表（见表2-1），如：

我觉得我们学校的就业情况非常好？

1. 非常同意　2. 比较同意　3. 不好说　4. 不太同意　5. 非常不同意

同时，也可以直接用表格的形式，把同类的题型放入一个表格中。

您是否同意以下观点：

表 2-1　常用量法

	1. 非常同意	2. 比较同意	3. 不好说	4. 不太同意	5. 非常不同意
我觉得我们学校的就业情况非常好					
我相信我们学校的大多数学生可以获得美好的前程					

研究者在问题设计的过程中，需要注意大量的细节，如要注意问题的语言表达，避免出现双重问题、难以理解的问题、具有倾向性的问题

等；要注意问题的顺序，如封闭式问题放在前面，开放式问题放在后面；易于回答的问题放前面，相对重要的问题放前面；要注意问题的数量及填答问题所需要的时间。此外，如果需要做推论统计，在问题设计的过程中，可以用1、2、3、4代替A、B、C、D成为答案的编码。这样在录入信息的时候，可以直接录入数字，便于之后进行数据分析。

（5）在问题结束后，可以加入一句结束语，对答题者进行感谢。

预调查和问卷修改。在问卷初稿完成后，可以进行小范围的调查，根据调查结果对问卷的信度、效度、区分度等进行检验，同时发现和修改问卷中存在的问题。

第 59 问

选择问卷被试时应考虑哪些因素？

被试者作为被调查对象，其回答的结果将直接决定整个调研成果的质量，因此科学有效地选择问卷被试者也非常重要。具体方法如下：

（1）科学界定被试者范围。研究者可以根据研究目的、研究内容、研究相关文献来确定被试者范围。这个范围涉及被试者的年龄、性别、地理指标、职业、收入、文化、家庭等要素。确定了被试者的范围，就能为后续的被试者选择及调研提供样本选取范围。

（2）被试者应尽可能多样化、结构化。所谓多样化、结构化，是指被试者应该由某一个群体当中拥有不同特点的人群构成。结构化、多样化的被试者，既能体现样本的共性，也能呈现样本的个性特点，能丰富样本结构。

（3）被试者样本选取的全面性。研究者结合研究目的、研究内容等，在确定了被试者范围的基础上，可以通过向该领域专家咨询等方式，获取更全面的被试者样本。除此之外，研究者还可以通过整理相关研究综述，分析其他相关研究的被试者样本选取情况，以此作为参考，提升本研究被试者样本选取的全面性。

（4）被试者样本选取的可操作性。任何研究都有一定的外在客观条件限制，如研究经费、研究精力、研究水平等，所以在选择被试者样本的时候，要注意选取的可实现性、可操作性。其中，主要考虑的因素有被试者的可接触性（如果无法接触被试者群体，则难以选取样本）、被试者接受度、被试者生活或工作区域可进入性等。

（5）尽可能选择态度认真的被试者。被试者的态度也是影响整个调研过程的重要因素，因此研究者要通过观察、交流等方式选择态度认真，且有一定调研意愿的被试者参与调研。当然，研究者可以通过发放礼品等方式激发更多被试者参与调研，提高被试者的积极性和调研成效。在实践中，这些态度认真的被试者也可以作为一对一调研的对象。

第60问

开展问卷调查时需要考虑哪些费用？

问卷调查是一个过程性的研究活动，其经费使用包括前端的调查设计到后端的统计分析及报告形成，具体包括以下 9 种费用支出：

（1）总体方案策划费或设计费。其是用于问卷调查的总体安排及整体设计（包括调研目的、调研范围、调研内容、调研区域、实施方案等）

的费用。在大多数的问卷调查中，往往不会单独设置总体方案策划费或设计费，而是将其融入其他费用支出中。

（2）调查问卷设计费，即设计具体调查问卷的费用。在实际的问卷调查中，调查问卷设计费是比较常见的一种费用支出，调查问卷设计涉及预调研的问卷设计、问卷修改及正式调查问卷设计等相关活动。

（3）调查问卷印刷费。在传统的问卷调查模式下，印刷费在整个问卷调查费用中占比较大，但随着当前电子问卷的流行，调查问卷的印刷费用在不断减少。

（4）调查实施费，即具体实施整个问卷调查的相关费用，其在整个问卷调查费用中占比很大。调查实施费的支出范围包括选拔、培训调查员所支出的费用，调研员的交通费和劳务费，管理督导人员的劳务费，用于给被试者购买礼品或现金等费用。

（5）数据录入费，主要指问卷信息的编码、录入、查错等费用支出。现今，越来越多的问卷调查都是以获取定量数据为目的的，因此问卷调查必然会涉及大量的数据录入，这是一项非常耗时耗力的工作，而且对录入者也有一定的技术要求。

（6）数据统计分析费，包括数据统计、分析、制表、作图、统计软件购买等费用支出。数据统计分析工作是整个问卷调查工作中最难的部分，需要专业的研究者来完成，所以费用占比也比较高。

（7）调研报告撰写费。问卷调查不能止步于问卷发放、统计分析，还要根据定量数据、定性案例研究撰写相关调研报告，其中产生的费用即调研报告撰写费。

（8）文本制作费。很多问卷调查工作都是以调研报告文本为最终成果形式的，因此就会涉及文本设计、制作、复印等费用支出。

（9）专家咨询费。在问卷设计、预调研、正式调研的过程中，研究者很多时候需要借助外部专家来完成相关工作，所以在相应的问卷调查中会设置一定比例的专家咨询费用。

研究者在进行预算时，要将需要的费用尽可能考虑全面，以免将来出现一些不必要的麻烦而影响调查进度。同时，也要注意费用预算应实事求是，不可随意多报乱报。

当然，开展问卷调查时需要一些资源，所以项目组成员应该认真考虑开展问卷调查时有没有相关资源可以利用，有了资源，既能保证问卷的调查质量，也能省去相关费用，所以进行问卷调查时非常需要考虑资源这一要素。

第61问

怎样撰写问卷标题、引言与致谢语？

1. 问卷标题

每一份问卷都有研究主题，研究者要根据主题来开宗明义地设定标题。问卷标题是一份问卷的题目，有非常重要的作用。在确定问卷标题的过程中，要注意以下问题。一是标题要客观准确地反映研究的主题，让人一目了然，增强被试者的兴趣和责任感。二是标题要尽量醒目、吸引人，即调查的主题要能引起被试者的兴趣。三是题目应该开门见山，直截了当，不能含糊其辞。四是题目不能有歧义，不能有语法错误，做到清晰、明确。例如，"家庭收入调查"这一标题，没有说明是年收入还是月收入，是哪一年哪一月的收入，是税前收入还是税后收入，哪些人的家庭收入。这样的标题就太笼统，表述不清。五是标题字数不能太多，最好不要超过 20 个字。六是标题可以是单标题或双标题，可以是文章式的标题，也可以是调查问卷的专业式标题，在选用双标题时一定要注意副标题与主标题的递进关系，不要是完全不相干的两个标题，这样会给被试者造成无所适从的感觉，也会使调查的主题不明确。

2. 问卷引言

问卷的引言，也可称为说明词，一般包括本次问卷调查的背景、调查意义、调查主要内容、保密措施、调查结果的用途、填表说明等内容，其目的在于向被试者说明调查的具体情况，引发被试者的参与兴趣，排除被试者的顾虑。引言一般包括 4 个部分：一是引言中要说明调查的主体是什么，为什么要调查，为什么要向被试者展开调查；二是保密措施要交待清楚，即填写问卷可以是匿名，承诺不泄漏被试者的个人信息，以消除被试者的疑虑；三是问卷的填写说明，告诉被试者怎样填写问卷；四是其他辅助性的说明，如有偿调查中的附赠礼物等。

在语言要求上，问卷引言需要简明扼要，用词准确，概括性强，言简意赅，要从客观的角度去陈述，不要用华丽的辞藻，这样会让被试者感到华而不实，且语气要中肯、真诚。在有可能涉及被试者隐私时，要巧妙地加以说明。

3. 致谢语

致谢语往往放在问卷引言的最后，也可以放在整个调查问卷的末尾，主要用于感谢被试者的积极参与，表达对被试者的美好祝福。致谢语要简洁、明了、真诚、美好。

第 62 问

怎样对问卷信效度进行检验?

1. 信度及其检验

信度是指通过测验或量表所得结果的稳定性和一致性, 反映调研数据与项目评价数据的可靠性。信度检验方法主要有以下 3 种:

一是科学设计调研指标项。在调研指标体系中, 设计针对调研问题的总评价项与子指标项, 以便相互印证。例如, 在对教学情况的评价中, 可以先设计一个问题: 你对教师教学的总体评价如何? 然后再分别从教师师德、教法灵活性、教学媒体使用情况、教师与学生的沟通交流情况等不同视角设计调研问题。除此之外, 还可以设计一些反向题, 以检测数据的可靠性。

二是规范调研操作。研究者通常采用逐步修正法和德尔菲法对调研指标系统进行完善。逐步修正法: 对于已经初步完成的调研指标体系, 可先在小范围内试用, 通过试用过程获得小样本数据, 再分析指标体系的信度, 发现指标体系中描述不准确、容易引发错误理解或者覆盖面不够完善之处, 然后修正调研指标体系。德尔菲法: 对于已经完成设计的调研指标体系, 可以发送给相关的行业专家, 请行业专家把关、指正, 从而保证调研指标体系的科学性。

三是技术方法。重测信度: 利用同一份测试问卷或评价指标体系, 通过两次或者多次测量, 检查几次测量数据之间的相关系数。如果几次测量数据之间的相关系数非常高, 则说明调研数据的信度比较高; 否则, 则说明调研数据的信度不高。复本信度: 在基于调研指标体系的调研中, 可以利用复本问卷再次测量, 检查两次测量结果的相关系数。同理, 如果两次测量数据之间的相关系数非常高,则说明调研数据的信度比较高;否则,则说明调研数据的信度不高。折半信度:如果限于调研条件的限制,无法实施重复测量或者复本测量,也就无法借助重测信度或者复本信度进行信度检验。在这种条件下,可以把测量中围绕某个问题的若干个测量项划分为两组,检查由这两组测量项所获得数据的相关系数。如果两组变量之间的相关系数非常高,则说明调研数据的信度比较高;否则,则说明调研数据的信度不高。克朗巴哈系数:对于反映相同特质的若干个测量组,其测量结果之间应该存在真实的相关性。因此,可以通过检验反映相同特质的若干个测量项之间的一致性水平,来判断调研数据的信度水平。这个测试指标就是克朗巴哈系数,简称为信度 α 系数。

2. 效度及其检验

效度是指研究中能够真正正确地揭示所研究问题的本质和规律的有效程度,要求测量结果能够全面、客观地表现出测量目标的属性。效度是对测量性质准确性和测量结果正确性的评价。在具体的调查或评价类项目中,效度是反映调查、评价类项目最终效益和价值的重要指标,对于任何一个调查和评价项目,都以获得有效的、有价值的研究结论作为最终目标。

在针对调研指标体系的效度研究中,研究者通常借助两个方法对调研指标体系的效度进行分析和检验:一是专家结构效度,专家结构效度是指借助专家保证研究指标体系的科学性和覆盖度,其基本思路是借助行业专家把关,保证指标体系的科学性和结构的合理性。二是检查调研指标项的区分度和覆盖度。基于变量的差异性检验技术,研究者利用 Bartlett 球形检验和 KMO 检验,验证指标项的区分度,避免多个调研指标项都在描述同一问题的同一内容。

第 63 问

调查问卷样本量如何确定？

问卷调查的样本量在很大程度上决定了调查的质量。在一般情况下，样本量的确定需要考虑调查的目的、性质和精度要求，同时也要考虑问卷调查实际操作的可行性、经费承受能力等客观因素。例如，如果是要做市场潜力、未来发展趋势及预判类型的市场调研，需要的样本量就会比较大。而如果只是对某一特定区域内某一款产品的市场使用情况进行调研，则样本量相对较少。也正因如此，在实际的问卷调查中，确定样本量大小是一个比较复杂的问题，即要有定性的考虑，也要有定量的考虑。从定性的方面考虑，问卷调查的重要性、调研的性质、数据分析的性质、资源、抽样方法等都在一定程度上决定了样本量的大小，但定性分析不能做到很精确。如果想要达到更为精确的问卷调查样本量，则可以通过计算公式来确定具体的样本量。样本量的计算方法也比较多，比较常见的有以下两种。

（1）对于有限总体，抽样样本量的大小可以根据式（2.1）计算得出：

$$n \geqslant \frac{N}{\left(\frac{a}{k}\right)^2 \frac{N-1}{P(1-P)} + 1} \qquad （2.1）$$

式中，N 为总体样本数；P 通常设置为 0.5；a 代表显著性水平，通常设定为 0.05；k 为分位数。

（2）对于无限大或相当大的抽样总体，可以选择式（2.2）计算样本量：

$$n \geqslant \left(\frac{k}{a}\right)^2 P(1-P) \qquad （2.2）$$

还有些学者提出，可以直接从问卷调查的属性来界定样本抽样人数，如 Greswell（2002）认为，一般的问卷调查中，正式抽样的样本数最好在 350 人以上；Airasian & Gay（2003）认为，问卷调查的正式样本数至少要占其总样本数的 10%；Neuman（2003）主张，若是总体人数较少，则分析样本数最好占总样本数的 30%；在组别平均数的差异比较方面，各组的样本数至少 15 个，较理想的数目为 30 个以上。

第 64 问

怎样开展问卷的预调查？

预调查，是为正式的大样本调研做准备的调查工作，主要涉及对量表项目进行分析，检验问卷的信效度，其样本量可以少于正式调研的样本量。有学者提出，预调研的样本量可以是问卷题项的 5—10 倍。

1. 量表项目分析

项目分析的主要目的在于检验编制量表或测验个别题项的适切或可靠程度。项目分析的作用是检查问卷的无效值，计算量表的反向计分，求出量表总分并排序，找出高低分组上下 27% 处的分值并依临界分数将量表分成两组，以 t 检验检验高低组在每个题项中的差异，将 t 检验结果未达显著性的题项删除。检验方法主要有极端值比较、参与量与总分相关、同质性检验 3 种方法。当然，除了这 3 种方法，研究者还可以根据自身研究需要选择其他项目分析方法。

2. 量表信效度分析

如前所述，目前比较常见的是运用统计分析的技术方法来检测，量表信度包括重测信度、复本信度、折半信度、克朗巴哈系数等。

在针对效度的研究中，通常借助两个方法进行分析和检验：一是专家结构效度，二是检查调研指标项的区分度和覆盖度。

第 65 问

社科类研究项目中常用哪些工具和软件进行数据处理？

在对社科类项目进行研究的过程中，常用的数据处理软件主要有 SAS、SPSS 等。

SAS（Statistical Analysis System）是一套大型集成应用软件系统，具有数据存取、数据管理、数据分析和数据展现功能，在政府行政管理、科研、教育、生产和金融等不同领域应用广泛，如利用 SAS 进行市场需求预测、销售预测、潜在客户开发等。SAS 的主要功能有：客户机 / 服务器计算、数据访问、数据存储及管理、应用开发、图形处理、数据分析、报告编制、质量控制、项目管理、计算机性能评估等等。

SPSS（Statistical Product and Service Solutions）是最早采用图形菜单驱动界面的统计软件，在社会科学领域有着广泛的应用，如利用 SPSS 进行民意调查、问卷分析等。它集数据录入、整理、分析功能于一身，最突出的特点就是操作界面极为友好，输出结果美观漂亮。其基本功能包括数据管理、统计分析、图表分析、输出管理等等。SPSS 操作简便，大部分的统计分析过程可以借助鼠标，通过菜单命令的选择、对话框参数设置，点击功能按钮来完成。通过 SPSS，可以方便地和 Windows 的其他应用程序进行数据共享和交换，也可以读取 Excel、FoxPro、Lotus 等电子表格和数据库软件中产生的数据文件。SPSS 有专门的绘图系统，可以根据数据绘制各种图形。

除了上述两个统计软件外，在社会科学研究领域，S-PlUS、STATA 和 E-VIEWS 在不同的统计分析领域中有着重要的应用。S-Plus 在应用上以理论研究和统计建模为主，它的优点是具有强大的统计功能和绘图功能；STATA 这款软件与其他软件相比更为小巧，它的统计分析能力很强，绘制的图也很美观；E-VIEWS 软件的主要贡献体现在计量经济学上，其可以对时间序列和非时间序列数据进行分析。

四、经费管理

（课题经费使用有哪些要求）

第 66 问

使用课题经费有哪些明确的规定？

各级各类课题主管部门在课题经费管理办法中一般都明确规定了资金开支范围、预算的编制与审核、预算的执行与决算、绩效管理和监督检查等内容，课题负责人一定要弄清项目设立单位对经费使用的规定，但同时还要完完全全弄清本单位对科研经费的使用规定。

科研经费使用不当，会给课题负责人带来很多麻烦。下面对经费使用中一些常规情况加以说明。

1. 把项目资金分为直接费用和间接费用

以间接费用的形式完善对责任单位间接成本和管理费用的补偿，以绩效支出的形式激励科研人员，有利于进一步营造良好的科研环境，激发科研人员的积极性和创造性。

2. 直接费用包括哪些开支科目，如何管理和使用？

直接费用是指在项目研究过程中发生的与之直接相关的费用。根据资金用途的不同，一般科技计划专项资金分为 9 个开支科目：设备费、材料费、测试化验加工费、燃料动力费、出版 / 文献 / 信息传播 / 知识产权事务费、会议 / 差旅费 / 国际合作交流费、劳务费、专家咨询费、其他支出。社会科学专项资金分为 8 个开支科目：资料费、数据采集费、会议费／差旅费／国际合作交流费、设备费、专家咨询费、劳务费、印刷出版费、其他支出。直接费用所有开支科目均不设比例限制，由课题负责人按照项目研究实际需要编制，并按照国家有关规定开支。直接费用纳入责任单位财务统一管理，单独核算，专款专用。

3. 开支设备费应当注意什么？

（1）项目研究过程中购置设备和设备耗材、升级维护现有设备及租用外单位设备而发生的费用，可列支设备费。

（2）设备费开支应当与项目研究密切相关，严格控制设备购置，严禁重复购置、过度购置，鼓励共享、租赁及对现有设备进行升级。

（3）要区分出设备和办公用品，一般来说，电脑、打印机、复印机、数码相机及其耗材等属于设备，笔墨纸张、文件夹等属于办公用品。

（4）使用项目资金购置的设备属于国有资产，要按照国有资产管理有关规定统一管理。

4. 会议费／差旅费／国际合作交流费如何使用？

（1）在项目研究过程中开展学术研讨、咨询交流、考察调研等活动而发生的会议、交通、食宿等费用，以及项目研究人员出境、外国专家来华及港澳台专家来内地开展学术合作交流的费用，均可列支会议费／差旅费／国际合作交流费。

（2）会议费／差旅费／国际合作交流费应当按照国家对于高校和科研院所差旅、会议、出国管理有关规定和标准开支。为了准确编制预算，该科目可大体分为会议费、差旅费、国际合作交流费 3 个子项，但在经费使用方面，完全由课题负责人自主统筹。对于经费有限的项目一般不支出会议费。参加培训的费用可以根据学校审批同意列支会务费、资料费。

5. 什么是专家咨询费，对支付对象有何要求？

专家咨询费是指在项目研究过程中支付给临时聘请的咨询专家的费用，支出标准应当按照国家有关规定执行。一般来说，支出专家咨询费需满足两个条件：一是支付对象确实属于项目研究领域的专家；二是支付对象切实发挥了咨询作用，推动了项目研究的顺利开展。需要注意的是，专家咨询费不得支付给本课题组成员及履行项目管理职务职责的相关工作人员。

6. 劳务费开支范围、标准如何确定？

（1）劳务费支付对象必须直接参与项目研究或者参与调查访谈、考古发掘、科学实验等科研辅助活动。

（2）劳务费支付对象包括研究生、博士后、访问学者及临时聘用的研究人员、科研辅助人员等。

（3）劳务费预算不设比例限制，课题负责人应当综合考虑项目研究实际需要，科学合理编制劳务费预算。

7. 材料费包括哪些？

材料费是指在项目实施过程中消耗的各种原材料、辅助材料等低值易耗品的采购、运输、装卸和整理等费用。

8. 测试化验加工费是指什么？

测试化验加工费是指在项目研究开发过程中支付给外单位（包括承担单位内部独立经济核算单位）的检验、测试、化验及加工等费用。委托测试、化验、加工需签订合同或协议等。

9. 燃料动力费可开支什么？

燃料动力费是指在项目研究开发过程中直接使用的相关仪器设备、科学装置等运行发生的水、电、气、燃料消耗费用等。

10. 哪些费用可以列支资料费？

项目研究过程中需要支付的图书购置费，资料收集、整理、复印、翻拍、翻译费，专用软件购买费，文献检索费等，均可列支资料费。

11. 数据采集费开支范围有哪些？

数据采集费是指在项目研究过程中发生的调查、访谈、数据购买、数据分析及相应技术服务购买等支出的费用。一般而言，社会科学各学科研究需要进行数据采集，既包括直接收集一手数据，也包括购买二手数据及相应的数据分析服务。

12. 其他支出如何列支？

其他支出属于项目预算的"兜底科目"，项目研究过程中发生的除上述科目之外的其他支出均可列支。但需注意两个问题：一是，其他支出中的各项具体支出应当在填报项目预算时单独列示，单独核定；二是，其他支出一般包括笔墨纸张等办公用品费、通信费、互联网服务费等支出。

13. 间接费用如何核定和使用？

（1）间接费用使用包括 3 个方面，即补偿责任单位为项目研究提供的现有仪器设备及房屋、水、电、气、暖消耗等间接成本，管理费用，以及为提高科研工作绩效而安排的绩效支出。间接费用由责任单位结合实际情况，在综合考虑单位与个人、当前与长远、激励与约束等关系的基础上，统筹管理和使用。

（2）间接费用采用分段超额累退比例法计算，按照不超过项目资助总额的一定比例核定。

（3）责任单位不得在核定的间接费用以外再以任何名义在项目资金中重复提取、列支相关费用。

第67问

课题研究中项目经费使用如何把握?

课题研究中,责任单位要认真落实国家有关政策规定,按照权责一致的要求,强化自我约束和自我规范,在服务中加强管理、在管理中做好服务,确保"接得住、管得好"。

1. 科研经费使用"四不得"原则

课题负责人应当依法依规使用项目资金,严格遵守"四不得"原则:

(1) 不得擅自调整外拨资金;

(2) 不得利用虚假票据套取资金;

(3) 不得通过编造虚假劳务合同、虚构人员名单等方式冒领劳务费和专家咨询费;

(4) 不得使用项目资金支付各种罚款、捐款、赞助、投资等。

2. 项目资金的支出和报销

责任单位和课题负责人要严格执行《关于中央财政科研项目使用公务卡结算有关事项的通知》(财库〔2015〕245号)中对公务卡结算的有关规定。专家咨询费、劳务费等支出,原则上应当通过银行转账方式结算,因此要从严控制现金支出事项。

对于野外考察费、数据采集费等科研活动中无法取得发票或财政性票据的支出,在确保真实性的前提下,责任单位可按实际发生额予以报销。报销此类费用,应当提供具有收款人签名或手印的凭证及课题负责人对相关情况的书面说明。此项费用支出通常视学校项目经费管理制度执行。

3. 使用项目资金形成的资产如何管理？

项目实施过程中，使用项目资金形成的固定资产、无形资产等属于国有资产，应当按照国有资产管理的有关规定执行。

第68问

学校不给科研经费如何解决？

科研经费的主要来源有：课题立项管理部门拨款、项目承担单位配套、项目合作单位到款、自筹经费等。

在学校不给科研经费的情况下，当课题负责人是科研初涉者时，课题负责人可以根据自身特点，寻求合作方，从"参加"开始。一是作为合作方、项目组成员参与到外单位或本单位有经费的项目团队中，以求经费支持；二是与企业合作，将企业发展需求与课题研究目标结合起来，将最终的科研成果应用于企业研发过程中，形成双向互动，为企业解决实际生产中碰到的问题，获得企业资金支持；三是参编上级教育行政主管部门负责的各类规划教材，一般上级教育行政主管部门会提供经费支持；四是自费研究、发表论文，也为下一步申请项目建立基础；五是尝试在报刊发表科普、教育等各类短小文章，获取稿费，支持开展科研工作。若是有经验的研究者，在学校不给科研经费的情况下，可以积极争取上级部门的项目经费资助。

第69问

课题经费使用中有哪些常见的违规现象？

课题经费的使用有相关的规定，所以课题负责人一定要认真学习科研经费使用的相关规定，不要因为不了解这些规定给单位和自己带来不必要的麻烦。

一、科研经费使用中的违规使用现象

1.违规套现，化公为私

一些社会机构和企业缺乏有效监管，常常存在单位和个人通过虚开会议费发票等牟利的行为，部分单位和人员借此从科研经费中套取现金用于非科研支出。

2.规避政府采购，形成账外资产

有的课题组自行采购物品，以材料费、维修费等名义开具发票，财务和资产管理部门难以将其纳入固定资产中进行管理，从而形成账外资产，造成国有资产流失。

3.以虚假合同转移经费

有些掌握经费使用权的课题主持人法制意识不强或者动机不良，通过虚假合作协议转移经费；有的甚至以自己和家人的名义开设公司，再用虚假合同将经费划入公司转成个人资产。

4.出租专用设备，私设小金库

有的课题主持人私自将闲置的科研专用设备租借给外单位或个人使用，用租金收入私设小金库或将其占为己有。

5.将科研经费转到外单位账户，逃避监管

有些单位将科研经费转移到实验基地或协作单位账户，脱离本单位财务部门的监督和控制，之后随意在外单位报销费用；有的将科研经费转到外单位后，又以科技咨询收入等名义转回本单位，再利用科技创收和成果转化政策进行分配。

6. 将财政资金当作横向课题经费使用

有的单位将国家大型科研项目的子课题列为横向课题进行管理，没有明细的预算，课题组成员可以随意报销考察费、服装费、咨询费、维修费等。

7. 非科研费用名目繁多，不合理支出严重

有的课题组不执行预算规定，超额或超标准报销大量管理费、咨询费、劳务费、招待费、办公费、旅游费、学习培训费，有的成员甚至将个人和家庭生活消费的物品费用也混在科研经费中报销。

8. 重复购置设备，浪费严重

有的课题不从科研工作需要出发，重复购置照相机、电脑等科研和日常生活两用的器材设备，其中部分器材设备长期归个人使用，有的甚至被成员拿回家占为己有。

9. 项目结束不结算，长期挂账报费用

有些项目的结余经费较多，在项目结题验收后，负责人不及时进行经费结算，将科研经费长期挂在账上，继续以科研需要为名报销各种费用，有的甚至退休后还从中报销。

二、科研经费违规使用的危害性分析

1. 严重妨碍科研项目完成

科研单位的项目经费本来就不充裕，挤占或随意挪用科研资金使得原本就较紧张的经费更加捉襟见肘，有些项目因此偷工减料、粗制滥造，甚至学术造假，使科研质量大打折扣。

2. 严重影响科研人员自身前途

严重违规使用科研经费的要受到追究，触犯法律的还将受到法律制裁，使一些本来很有才华的科研人才可能因此而葬送前程，这不仅影响了他们的个人前途，而且对单位和国家也是一种重大损失。

3. 严重败坏单位的学术风气和社会声誉

良好的学术风气和社会声誉是科研单位的生命。少数人蚕食科研经费捞取私利，势必影响其他人潜心科研的积极性，且该行为在单位内一旦形成气候，良好的学术风气将不复存在。如果再曝出贪污挪用科研经费的丑闻，单位必定名誉扫地，今后争取项目和经费的难度将大大增加。

4. 严重影响国家科技事业发展

重大的科研项目关乎国计民生，经费流失会延误项目进度，直接影响国家或地区科技发展战略的实现。

三、科研经费违规使用案例启示

1. 用假票据报销百余万元，被判刑 13 年

2012 年 2 月 13 日 10 时 30 分许，北京市第一中级人民法院刑事审判庭，段振豪等待候审，紧随其后的是本案的另一名被告人车春兰，案发前，她是中科院地质与地球物理研究所研究员、计算机地球化学学科组组长秘书。

检方起诉书显示，2002 年至 2011 年 7 月间，段振豪担任中科院地质与地球物理研究所研究员、计算机地球化学学科组组长，负责科研项目的立项申请、项目执行直至结题验收的全过程。而他的秘书车春兰为学科组提供辅助性工作。

检方提出了 3 起指控事实：二人于 2002 年至 2011 年 7 月间以报销科研经费为由，使用虚假的票据报销差旅费等共计 124 万余元，段振豪非法占有上述款项后给车春兰少量好处费；2011 年 5 月，段振豪与他人

签订虚假的网站开发合同，使用虚假的票据报销网站开发费，骗取科研经费5.85万元；车春兰于2003年至2010年间用假票据报销17.85万元。

根据检方掌握的证据，段、车二人的涉案手法，主要是使用虚假票据以各种名义从科研经费中报销，包括假借课题组成员的名义报销。报销名目包括差旅费、复印装订费、劳务费、租车费及网站开发费等，为他们提供票据的人包括段振豪的亲友、学生、熟人、同事等。而经课题组成员崔某等证实，这些研究内容基本上都是在实验室完成的，崔某本人根本没有因科研出过差。而据段振豪的供述，在他虚报的差旅费中，有20多万元是保姆张某提供的前往银川的发票，有30多万元是蔺某提供的前往大庆的发票，另有20多万元是他每年回湖南老家探亲的票据和其弟弟提供的发票，另外，他还找了一家机票代理公司买了虚假行程单。拿到这些虚假的单据后，段振豪将其交给车春兰，车春兰有时还会提醒他以哪些学生的名义报销从财务的角度看更合理。等每次报销后拿到钱了，段振豪承认他都会给车春兰几百块钱好处费，将部分钱款给了张某、蔺某等人，还给学生发过劳务费，再将部分现金放在办公室备用，其余款项都存在银行，后将账户钱款转存到妻子曹某名下。

（资料来源：2013年1月4日新华网）

2. 课题负责人用学生的名义冒领劳务费

北京市海淀区检察院日前侦结一起高校科研经费腐败案件，涉案教师利用学校对科研经费监管的漏洞，用学生的名义冒领劳务费据为己有。

据检方介绍，2007年5月，北京市某高校教师肖某拿到了一家部级单位的翻译研究项目，并担任该项目负责人，项目经费共15万元。2008年4月，肖某从所在学院办公室工作人员那里拿到28名学生的姓名和身份证号码信息后，从2008年5月至12月以这28名学生的名义分 7 次领取劳务费，共计 8.24 万元。而事实上，根据下达项目的这家部级单位对项目经费使用的规定，项目的劳务费只能支付给课题成员中没有工资性收入的相关人员（如在校研究生）和临时聘用人员，而作为学校教师，肖某无权领取劳务费。

海淀区检察院于 2011 年 7 月对肖某以涉嫌贪污罪立案侦查。目前，肖某案已移送审查起诉。

办案人员告诉记者，肖某拿到翻译研究项目后，为了达到避税的目的，以学生的名义领款每次都是 800 元。每次领取劳务费前，肖某一人在劳务津贴领用单的"课题负责人"栏和"主管"栏签字同意，而从未有人对此提出质疑。

（资料来源：2011 年 12 月 27 日京华时报）

第三篇

结课题——怎么完成结题出成果

这是收割课题成果的阶段，课题研究辛辛苦苦，后面的成果需要系统总结和展示，这部分工作没有做好，是对前期研究成果的埋没。结课题是课题研究三大过程的第三部分，也是收获的环节。基本内容包括撰写报告、课题结题和成果推广，涉及的面也很广，需要和项目设立单位、成果发表单位进行沟通、协调，并取得最大的支持。成果推广更是一项重要的工作，课题成果没有应用就会变成课题研究者的自娱自乐，使课题研究的价值大打折扣。

（扫码了解第三篇内容）

一、课题结题

（如何进行项目结题）

第70问

课题结题前需要准备好哪些研究成果、材料？

课题的开始源于申报，而课题的结束源于结题。课题结题是为了给该课题画一个句号，这个句号能否画出基于评审专家对课题研究成果的验收。那么，课题结题需要准备哪些材料，对结题成果有哪些要求呢？

一、课题结题材料

课题结题材料包括课题立项申请书、课题立项通知、阶段性研究报告、《课题结题验收表》、课题结题报告、课题研究的主要成果、相关附件或佐证材料等。

二、课题成果要求

（一）结题报告

每项课题结题时必须提交一份研究报告，字数在 5000 字以上，可以分为标题、前言、正文、结尾和附件等 5 个部分。

（1）结题报告的标题：课题名称——结题报告。

（2）结题报告的前言：简述课题概况，包括课题来源及级别、历时、对课题成果的总体评价及课题的意义和作用。

（3）结题报告的正文主要包括 3 个部分：①课题的一般情况。阐述课题的背景、目的、意义和研究思路，说明课题的进程及阶段，采取的方法与具体措施，并分析各阶段研究的主要内容和特点。②课题的研究成果。阐明课题的特色和创新之处，说明课题研究的结果、结论及取得的社会效益。③课题的评价意见。自我评价——根据国内外、所在地区和同类单位的理论研究和实际工作的现状，对课题的地位给予正确的定位，并揭示本研究成果的作用及前景。专家评价——综述专家对本课题的意见，并点明典型评语。实践工作者的评价——如果课题已在实践中应用，则可给出实践者的反馈意见。

（4）结题报告的结尾：对与本课题相关的问题，指出进一步探索的方向；对本课题的应用推广等问题，表明课题组需做出的努力。

（5）结题报告的附件：附上课题组成员名单、课题研究过程中已发表的论文篇目、研究成果已被采纳或开始应用的佐证材料、致谢等其他材料。

（二）课题研究的主要成果

课题研究的成果有多种类型，可以是公开发表的论文、出版的学术专著或教材、调查报告、政策咨询报告、典型案例分析、发明的专利、研发的新技术等。

（1）著作类科研成果：突出实践和实验分析、应用推广的价值与社会效益。

（2）论文类科研成果：围绕课题研究主题在学术期刊上发表若干篇论文。

（3）教材类科研成果：突出教学改革的内容，体现创新能力。

（4）软件开放类成果：具体说明其先进性、科学性和创新性，突出实际应用效果和产生的效益。

课题研究的结题成果形式很多，一般以论文和专著为主，因为这两种形式比较客观，好评价，已经有相应系统的评定标准，是最常见的课题成果形式。

第71问

结题一般有哪些方式？

一、课题结题方式

（一）会议鉴定

会议鉴定，即以会议的方式对成果进行鉴定和评估。在会议鉴定一个月前，课题组应以口头或书面形式向主管部门提出鉴定申请，并呈递成果主件、附件及研究工作总结报告（其中应包含对成果的自我评价及经费使用情况说明）等材料。鉴定会议半个月之前或最少一周之前，负责组织鉴定的部门就要将鉴定材料分别呈送给参加鉴定的成员，并督促他们提前审读成果材料，做好会议鉴定准备工作。

会议鉴定一般按下列程序进行：

（1）听取课题主持人的研究工作总结报告及成果简介。报告内容包括课题的预期成果与现有成果；课题的研究方向和主要思想观点及内容；课题的实际意义、学术意义、研究特色及在国内外所处的地位；课题研究的重点及研究中的突破点等。

（2）专家就各种结题材料提出疑问，课题组成员答辩。

（3）专家讨论并形成综合验收（包括能否结题）等意见，并将意见填写在结题报告中。

（二）通信鉴定

通信鉴定和会议鉴定的内容基本相同。不同的是，通信鉴定的课题，由所在单位科研主管部门向专家提供相关材料，专家验收后给出验收意见，并签名。结题时，须将专家验收意见原件和结题报告装订在一起上报。通信鉴定方式被认为是一种省时省经费的鉴定形式，其最大的好处是各参与鉴定的成员能有足够的时间审读成果材料，充分准备鉴定意见，而又能避免受人际关系的影响，相对比较客观、公正、公平。

二、课题结题的验收

（一）验收前的材料准备

验收前，由课题组准备好结题材料，包括填写结题报告，并提供研究成果原件、复印件和该课题原申请书、开题论证表、计划任务书、中期检查表等，装订成册，供验收使用。

（二）验收的主要内容

课题组按评审书或计划任务书完成的研究任务；最终成果与立项时批准的最终成果形式是否相符，是否存在署名及知识产权等方面的争议；经费开支是否合理合法；研究成果，无论是正式出版物，还是内部印刷物，是否均在显著位置标明"××项目（课题）成果"字样。

（三）验收专家组

专家组由具有副高以上专业技术职务的同行专家或实际工作部门人员组成，一般为3—5人。

第72问

怎样编制课题成果的清单？

课题成果清单编制是指将整个课题研究过程和研究成果进行梳理，将课题研究前期准备阶段、实施阶段、结题阶段的所有资料和各阶段性成果汇总，其既是课题研究档案，也是课题成果的综合体现。课题鉴定单位和专家通过课题成果清单即可了解课题研究的整个过程和相关成果。因此，一份翔实清晰的课题成果清单在课题结题过程中具有举足轻重的意义。具体编制过程可参考以下步骤：

一、封面

封面上要标注课题的立项时间和立项部门、课题研究名称及编号、课题主持人及单位、结题时间等。

二、目录

目录是课题成果清单编制的大纲，应按照成果获得的时间顺序排列，可分为两个部分，第一部分是课题主件，第二部分是成果材料。

三、课题主件

课题主件包括立项文件的复印件、课题申请书、开题报告或课题实施方案、中期报告、结题报告等材料。其中，结题报告是最关键的主件材料，是结题验收的主要依据。

四、成果材料

成果材料是对课题主件材料进行支撑、说明的材料，主要展示课题研究取得了哪些成果，这些成果是如何取得的，可按照发表类—获奖类—交流类的先后顺序依次排列。

发表类成果需提供期刊或专著的封面、有文章标题的目录页和正文页。

获奖类成果在文章结尾处另起一行用括号标注"本文在××时间××地点××评选中获××奖项"。

交流类成果在文章结尾处另起一行用括号标注"本文在××时间××地点××活动中进行了交流"。

调查报告也是课题成果的组成部分。不少课题组在课题开始之初设计了调查问卷,通过问卷、列表、访谈、个案分析和测验等方式,搜集有关研究目的的资料,从而对研究对象的特征和规律有一定的了解。问卷搜集上来以后,撰写调查报告是非常必要的工作。调查报告一般情况下至少包括4个方面的内容:①调查的目的。写明调查的起因、时间、地点、对象、方法、过程及人员组成等情况。②调查的内容。详述写明调查的基本情况、基本内容,切记不可直接把问卷复制上去,要对问卷的内容进行归纳整理,用文字复述出来。③调查的结果。写明通过问卷发现了什么现实状况、突出问题。④解决问题的对策。提出解决问题的方法或改进工作的建议。

第73问

课题结题时如何准备辅助的结题佐证资料?

课题结题时辅助的课题佐证材料可参考以下格式准备:

一、课题立项通知书复印件

二、课题研究过程中的原始材料

(一)研究过程中的观察记录、问卷调查表等

（二）研究过程中的有关原始数据、表格

（三）课题论证记录、研讨活动记录

（四）公开教学活动及教师上课反馈意见等

三、课题研究成果列表（见表3-1）及其复印件

表3-1　课题研究成果列表

主持人姓名：　　　　　　所在学校（盖章）：

一、发表论文情况				
序号	文章名	期刊名、刊号、期数	作者排名	论文收录情况
1	论文名			
2				
3				

二、编写教材情况				
序号	名称	出版社书号出版日期	作者排名	备注
1	书名			副主编
2				参编
3				参编

三、获得专利情况				
序号	材料类别	材料名称	授予单位	备注（排名）
1	专利证书复印件1			
2				

四、主持或参与科研、教研课题情况			
序号	材料类别	材料名称	备注
1	主持课题批准证明		结项
2			
3			

五、指导学生技能大赛获奖情况				
序号	材料类别	材料名称	授予单位	备注
1	指导学生技能大赛获奖			一等奖 × 项
				二等奖 × 项
				三等奖 × 项
2				
3				

六、学期或年度教学考核为"优秀"等级情况				
序号	材料类别	材料名称	授予单位	备注
1	教学考核获奖证书	学年教学质量考核"优秀"荣誉证书复印件		
2				
3				

七、其他与教学相关的获奖情况				
序号	材料类别	材料名称	授予单位	备注
1	获奖证书			
2				
3				
4				

八、双师素质情况				
序号	材料类别	材料名称	授予单位	备注
1	执业资格证书	执业资格证书复印件		建造师
2				中级
3				省培

九、双师素质情况				
4	骨干教师进修结业证			国培

续 表

十、指导青年教师情况				
序号	材料类别	材料名称	授予单位	备注
1	青年教师指导教师			
2				
十一、其他获奖情况				
序号	材料类别	材料名称	授予单位	备注
1	获奖证书			
2				
3				

四、成果影响证明文件复印资料

第74问

怎样获得课题研究成果的应用证明？

科研研究成果的实际应用才是我们开展研究的最终目的，不管是对教科研理论问题的研究还是寻求结合教学实践的问题解决方案，最终都以解决问题和实际应用为目的，所以在验收一般的科研成果或者结题评审时，相关人员都会非常关注成果应用证明这项内容。浙江省中华职业教育科研项目2020年的立项评审中就有20分的成果应用预期，从此可以看出，在立项评审初期，专家就重视该成果的应用情况。对于成果应用，浙江省中华职业教育科研项目立项评审网评专家的评分情况如表3-2所示。

表 3-2　浙江省中华职业教育科研项目立项评审网评专家
评分参照表（试行）

评审内容	评审标准（两级标准）描述		分值
成果应用	1.预期社会、经济效益明显 2.符合发展需要，可推广应用性强	1.预期社会、经济效益不明显 2.成果可推广应用性差	20

　　教科研课题研究完成后，就需要获得课题研究成果的应用证明，以证明该课题成果在实际中已经得到应用。有些课题设立单位在结题时提供了成果应用证明的格式，这样按照提供的应用证明格式进行填写并提交即可，但更多的是没有固定的格式要求，仅仅要求提供相应的应用成果证明，下面以实际案例供读者参考。

　　实例 3-1：“农村美术校本课程开发的研究”成果应用证明

成果名称	农村美术校本课程开发的研究
成果效益情况说明	×××县××镇中学“农村美术校本课程开发的研究”课题组的课题研究成果显著，初步在××镇中学应用，进而被推广到全镇、全县中小学。该成果能有效指导农村学校的美术教学，将“大美术观”从理论转变为实践应用，具有很强的实用性，使乡土美术课程资源得到了一定程度的开发和利用。此研究成果的应用有效激发了学生的美术学习热情，培养了学生热爱家乡、热爱自然、热爱生活的情感，加快了校本课程的发展进程。县电视台在第十一期《校园风采》栏目中对该课题进行了专题报道
单位意见	（公　章） 年　月　日

续　表

教委意见	（公　章） 年　月　日
县教科办意见	（公　章） 年　月　日

实例 3-2："教学案例反思促进教师专业发展的研究"成果应用证明

课题名称	教学案例反思促进教师专业发展的研究
应用单位	×××××学校
应用成果起止时间	2016 年 12 月至今

成果应用的范围、人数、应用、推广等效果及产生的社会效益

课题研究成果在××市××乡××学校得到推广和运用，学习参与并运用该成果的教师人数达到 40 余人。从课题研究成果推广的效果看，取得了预期的成果。

（一）找到了"案例研究—实践反思—知识积累与创新—专业发展"的教师成长途径

长期以来，我校一直在探索"以科研带教学，以教学促科研"的教师成长之路，通过本课题的研究，我校教师聚焦课堂教学，充分关注在教学实践中发生、发现的问题与经验，在理论与案例学习的基础上，以课例研究为载体，主动地反思、解决这些问题，并创新教学知识。

（二）促进了青年教师快速成长，素质显著提高

我校青年教师占教师总人数的60%，他们积极参与课题研究，在教学案例研究中学到和感悟到许多宝贵的东西，如理论学习、参与教研活动、说课、上课、评课、撰写教学案例，对他们的发展和进步带动很大。青年教师×××在教学上不断探索，积极撰写教学案例，反思教学行为，调整和改进教学，通过设置情境，引导学生在切身体验和感悟中建构知识体系，先后参加××市级评优课获一等奖、××市评优课二等奖，多次给全乡语文老师上引路课，被评为××市优秀教师等。

（三）一个有较高学历和专业结构的教师群体已经形成

课题组成员、教研组长的研究水平不断提高，促进教师专业水平提高，同时他们对全校教师起到引领和辐射的作用，他们把参与课题研究看作学习锻炼的机会。学校为他们创设条件，给他们压担子，同时注意为他们创造学习机会和提供业务进修指导，他们学习理论、反思、实践、探讨如何体现新课改的理念，让素质教育进课堂，让学生更好地成长和发展，两年多来，课题组成员中有1人被评为××市优秀教师，1人被评为××市优秀教育工作者，1人被评为××市学科带头人，两人被评为××市优秀班主任，3位被评为校级骨干教师，多位教师在××市、××乡教学竞赛中获奖及发表论文。

（四）有效地推进课堂教学的改革

自课题研究开展以来，我校的工作重点之一就是，全面实施课堂教学改革，把课堂教学改革作为素质教育的主攻方向，推进课堂教学改革的落实，充分发挥备课组、教研组、信息技术组的积极作用，有效推进课堂教学改革，并取得突破性进展。

（五）深化实践，促进教师专业化发展

课题研究中，我们鼓励教师结合自己的教学实践，积极投身到教学案例的创作中来，认真撰写教学案例。教师将自己某节课、某个内容的教学过程叙述出来或者将某个教育事件记录下来，并反思自己的教学实践，使之成为一份有启发意义的案例，并针对某个教学方法和事件做一些追踪研究，使教学案例更有价值。通过课题研究，我们积累了丰富的、不同类型的典型案例，极大地丰富了教学案例资源。几年来，我们坚持依靠群体力量和智慧努力推动课题研究，推进教师专业发展，提高教师的群体素质，并取得了可喜成绩。

应用单位（公章）

年　月　日

实例 3-3：×××工业职业技术学院"'PISR'发展模型下'双师型'教师队伍建设与考核评价机制的研究"成果应用证明

×××工业职业技术学院在 2019 年省级教学成果奖申报的官网公示中，对"'PISR'发展模型下'双师型'教师队伍建设与考核评价机制的研究"成果应用证明进行了社会公示，其成果的撰写方法和内容可供参考。

学院应用证明

×××工业职业技术学院研究的"'PISR'发展模型下'双师型'教师队伍建设与考核评价机制的研究"于 2017 年 6 月至今，应用于×××工业技术学院教师培养、专业建设、课程教学模式改革、课程教学内容改革和企业的技术服务中。全新的培养理念，突出了教师企业化培养效果，学院、企业、学生均取得丰硕成果，实现了利益共赢，具体体现在以下 7 个方面：

1. 学院"双师型"教师数逐年增加。通过下现场顶岗实践锻炼，教师的实践操作技能大大增强，每年有近 15 名教师被学院确定为"双师型"教师。

2. 教师专业建设水平进一步提升。在专业建设上，学院利用教师下企业顶岗实践锻炼的时机与企业深度合作，使专业建设方向与企业需求实现全方位对接，通过学院与企业共同确立专业培养目标，共同确定专业培养方案，使各个专业都能借助行业、企业的优势，共同培养符合市场需要的专业人才，形成了融合"综合机械化采煤、电气自动化控制、计算机远程控制、采掘机械故障处理、煤炭深加工与利用"等综合性人才培养新模式，使人才培养具有针对性和实用性，人才培养方案具有了鲜明的行业时代特色。

3. 专业课程教学模式进一步加强。学院煤炭类、计算机类专业和相关专业的专业核心课程实现了项目一体化教学。学院教师通过顶岗实践锻炼，根据企业对技能型人才的需求状况和基本要求，分析和确定本专业学生应具备的职业能力和基本技能目标，围绕所确定的职业能力要求设置课程模块，并结合职业技能鉴定考核大纲，对课程内容进行整合，开发出"实用为先、够用为度"的校本课程；增加技能训练课时量，专业课与技能训练采用"一体化"教学模式，实施任务驱动、项目导向、课题过关制等"教、学、做"一体的教学模式，将学院的教学过程和企业的生产过程紧密结合，校企共同完成教学任务，突出人才培养的针对性、灵活性和开放性。

4. 开发了工学结合高职特色教材和设备故障案例集。学院教师在学院政策的支持下，在顶岗实践锻炼的基础上，与行业企业共同开发紧密结合生产实际的工学结合教材22本和设备故障案例集8本。编写内容紧紧围绕中国××××集团公司现场生产工艺、设备，将采用的新技术、新工艺、新设备、新材料等融入教材中。教材的编写在内容上体现"三真"，即真实设备、真实案例、真实素材，同时体现现代技术和未来技术的结合；30本工学结合教材及设备故障案例集充分体现了实用性、针对性和先进性，反映了企业在现实生产、管理过程中的实际水平。

5. 学院教师职教水平得到明显提高。学院教师通过顶岗实践锻炼，其专业知识和专业技能更加丰富，专业教学学生满意率逐年提高，学生对教师教学的兴趣明显增强，认为教师所教授的内容实践性强，都是工作后就能用得上的技术。

6. 学院教师服务企业的能力大大提升。学院教师通过顶岗实践锻炼，积极参与企业的技术服务，在与企业相关技术人员合作帮助解决现场实际问题的过程中，开展项目合作方面得到很大提升，自 2008 年以来与企业合作的项目近 50 项；同时，学院教师通过为企业进行安全技术、管理方面的培训，为集团公司职工的整体素质提高和企业实现安全生产、安全管理的科学化、标准化提供了很好的支持。

7. 学院学生实践动手能力加强，社会认可度得到很大提高。学院主体专业和相关专业学生通过教师实施的项目一体化教学，大大提高了职业素质和职业能力，毕业生以职业素养好、实践能力强、发展潜力大见长，获得用人单位的青睐。

将这些成果和经验进行总结，为我院，甚至其他高职院校的教育教学管理改革提供了借鉴，研究成果具有较广阔的推广应用前景。

×××工业职业技术学院教务处

2019 年 12 月

第75问

课题、论文、科研成果三者有什么关系？

课题是指要研究讨论的主要问题或亟待解决的事项。在申报课题时要明确 3 个方面的内容：一要明确课题背景，即研究的问题或解决的事项是在什么情况下产生的，课题研究有什么意义；二要明确课题的研究或解决方法，即通过什么方法去研究问题或解决事项；三要明确通过研究问题或解决事项后能取得什么成果或效益。按照课题立项单位不同，课题可分为市厅级课题、省部级课题、国家级课题等。

目前浙江省职教教师关注的科研项目类型有：

（1）全国教育科学规划领导小组办公室主办的全国教育科学规划年度申报课题；

（2）浙江省教育科学规划领导小组办公室主办的浙江省教育科学规划年度各类申报课题；

（3）浙江省哲学社会科学工作领导小组主办的浙江省哲学社会科学规划课题年度科研项目；

（4）浙江省人力资源和社会保障厅、浙江省中华职业教育社主办的浙江省中华职业教育科研项目；

（5）浙江省人力资源和社会保障厅主办的浙江人力资源和社会保障年度科研项目；

（6）浙江省教育厅主办的浙江省教育厅年度科研项目。

论文是指进行各个学术领域的研究后描述学术研究成果的文章。它既是探讨问题进行学术研究的一种手段，又是描述学术研究成果进行学术交流的一种工具。论文一般由题名、作者、摘要、关键词、正文、参考文献等部分组成，主要分为学年论文、毕业论文、学位论文、科技论文、成果论文等。

科研成果是指科研人员在其所从事的某一科学技术研究项目或课题研究范围内，通过实验观察、调查研究、综合分析等一系列脑力、体力劳动所取得的、经过评审或鉴定的，确认具有学术意义和实用价值的创造性结果。它是科技工作者辛勤劳动的结晶，是衡量科学研究任务完成与否，质量优劣，以及科研人员贡献大小的重要标志。科研成果一般应符合以下3方面的条件：①应具有创造性、先进性。创造性是指前人所没有或国内外所没有的，理论上有新的创见，技术上有新的提高。先进性是指在成果的技术价值和技术水平上有所提高。②具有社会价值，并得到社会的公认。③必须经过技术鉴定、评审或公开。鉴定或评审应由同行专家评议，专家认为合格，才能算作成果。科研成果可分为3大类型：一是基础理论成果，指在基础研究和应用研究领域取得的新发现、新学说，其成果形式主要有科学论文、登记注册的专利等；二是应用技术成果，指在科学研究、技术开发和应用中取得的新技术、新工艺、新产品、新材料、新设备，以及农业、生物新品种、矿产新品和新计算机软件等；三是软科学成果，指通过对科技政策、科技管理和科技活动的研究而获得的理论、方法和观点，其成果主要形式为研究报告。

　　课题结束后，需要取得一定的成果才能结题，这个成果就属于科研成果，如公开发表的论文、出版的专著、开发的计算机软件、登记的专利、编制的研究报告等。根据课题完成取得的成果称为科研成果，没有课题立项取得的研究成果，只要符合科研成果条件也属于科研成果。

　　论文是科研成果的一种形式，论文可以是立项课题研究后取得的成果，也可以没有立项课题作为依据，只要有好点子就可以写，灵活性较大，往往一个人或者两三个人就可以完成。而课题往往需要一个课题组来协作完成，需要有主持人和参与人，人数一般在5—6个，每个人负责一部分工作。

第76问

如何撰写课题研究报告？

撰写课题研究报告是教科研工作中非常重要的一环，研究很成功，资料很丰富，但课题研究报告撰写得不到位，则是一件非常遗憾的事情。所以既要按照规定格式和内容要求撰写课题研究报告，同时也要有亮点。

一、课题研究报告的基本结构

课题研究报告是课题研究结束后，对研究过程和研究成果进行客观、全面、实事求是的总结，是课题研究所有材料中最主要的材料，也是科研课题结题验收的主要依据。课题研究报告一般由开头、正文和结尾3部分组成，其中的正文部分是主体，主要包括以下8个部分：

（1）课题提出的背景；

（2）课题研究的目标；

（3）课题研究的内容；

（4）课题研究的方法；

（5）课题研究的步骤；

（6）课题研究的过程；

（7）课题研究的成果；

（8）研究结果的分析。

课题研究报告的第1—5部分在填报课题立项申报表、制订课题研究方案、编写开题报告时须提供的内容基本相同，而第6—8部分，则是研究报告的重点，需要通过对课题研究过程进行回顾、梳理、归纳、提炼，这部分内容一般要占整个篇幅的70%左右。

二、课题研究报告的基本要求

1. 课题提出的背景

课题提出的背景又称前言、引言，重点是提出研究问题和研究假说。主要内容有：①介绍研究背景；②概述本课题研究的意义；③阐述国内外研究成果、存在问题及研究进展。

这一部分陈述时应简洁明了、针对性强，字数不宜太多（占整个篇幅 10% 左右）。一般可以先从现实需要方面去论述，指出现实中存在什么问题需要研究和解决，本课题的研究有什么实际作用。然后，再说明课题的理论价值和学术价值。

2. 课题研究的目标

课题研究的目标体现的是本课题研究的方向，是本课题研究最终要达到的目的。课题研究的目标是比较具体的，不能笼统地讲，必须清楚地写出来。只有目标明确而具体，才能让成员知道工作的具体方向是什么，知道研究的重点是什么，思路才不会被各种因素所干扰。

实例 3-4："××地区技术标准创制能力研究"课题的研究目标

本课题旨在根据北京市经济社会发展需求，调研 ×× 地区不同的技术标准创制主体（企业、院所等），在不同层次标准方面的创制能力。在此基础上，提出今后 ×× 地区提升技术标准创制能力的重点领域、行业和企业，提出推动从技术研发到标准研建的相关措施建议。

实例 3-5："××地区企业自主创新典型案例研究"课题的研究目标

本课题旨在通过调查 ×× 地区原始创新、集成创新和引进创新案例，以及三者相结合的混合创新案例，找出使创新资源组合效能最大化的规律和特点；通过分析，为优化和完善 ×× 地区自主创新环境，为进一步出台相关鼓励自主创新的政策提供依据。

3. 课题研究的内容

课题研究的内容陈述的是课题研究的范畴和着力点。对研究内容的表述应当紧扣研究目标,简明扼要,准确中肯。在陈述课题研究的内容时,有的将子课题表述成研究的内容,这也是一种简洁明了的表述办法。必须注意的是,课题研究的内容与课题研究成果同样有着密切的内在联系,内容中的研究结果必须在课题研究成果中予以体现。

实例 3-6: "小学中高年级作业批改形式的研究"课题的研究内容

(1)调查分析作业批改形式的现状及成因;

(2)探索出学生作业的多样化批改形式;

(3)探索有效批改作业的方法、途径;

(4)建立完整的作业批改评价体系。

4. 课题研究的方法

课题研究的方法指的是该项课题在研究时所采用的教育科研方法。一项课题的研究,往往要采用多种科研方法,如文献资料法、行动研究法、调查研究法、案例分析法、经验总结法等,还可以运用数理统计法、检测分析法、跟踪比较法、结构功能法、观察法、追因法、实验法,同时也可能采用问卷法、调查法、访谈法、统计法、分析法等。对这部分的陈述,一般列出将采用的科研方法,稍加说明就可以了,花费的笔墨不必很多。这里主要讲解以下 3 种方法:

(1)行动研究法:充分利用现代远程教育的优势,通过预诊,提出问题,收集相关信息,拟定具体计划、行动(实施行动)等,以探索出一套新型的学习方式和方法。

(2)访谈法:由参研教师采访被访者,提出问题,由被访者作答并将其意见和表现详细记录下来,进行汇总分析,并得出结论。

（3）案例分析法：教师和学生在充分利用远程教育资源后，对学习方法及模式的转变进行呈现、描述与分析。

5.课题研究的步骤

对课题研究的步骤这部分的陈述比较简单。一般课题研究分为准备、实施研究、总结这3个阶段，也有分为4个、5个阶段的。然后，在每个阶段中简要陈述做了几项工作，一做什么，二做什么，三做什么，简明扼要，不必详细陈述。例如：

准备阶段（×年×月—×年×月）：工作大体包括调查、收集和查阅相关资料，召开研讨会，制订研究方案，建立研究小组，进行分工和确立研究对象等。

实施阶段（×年×月—×年×月）：工作大体包括确定研究时间和研究内容，开展问卷调查，撰写中期报告，实施研究方案，完善修改研究方案，调整研究思路，做好课题中期检测，撰写调查报告、中期报告等。

总结阶段（×年×月—×年×月）：工作大体包括通过理性思考，对材料、数据进行统计分析和加工，撰写研究与实验报告，发表教育论文，编写出版论文集，寻找规律再设计出预期成果的形式，写出结题报告，向上级申请课题的结题验收、评估，并总结推广科研成果等。

6.课题研究的过程

研究过程是课题研究的具体实施过程，是研究报告的主题部分，它反映了研究成果的过程与方法。对这一部分的表述一定要条理清楚，交代明确，要让别人了解课题研究成果是在什么情况下，通过什么途径和方法，采取什么有效措施得来的，以便于别人借鉴。

实例 3-7："中考作文升格途径的探索"课题的研究过程

（1）整合相关材料，调整学生心理，赋予学生创新的信心和理念。这一过程主要通过实际的调查，考察学生写作的现状，摸清学生写作的底子，了解了学生心理，对学生进行心理上的疏导，让学生树立自信，坚定创新的理念。从网上下载了一批优秀文章，搜集到一批有价值的作文资料并加以优化，进一步整合写作的资源。

（2）具体实践，落实写作。按部就班，完成预设的初三基本的训练文题，进行作文的一般训练，让学生形成良好的习惯（认认真真的书写，细心的审题，合理的选材等），形成扎实的基本功，在此基础上，于实际训练中有意识地鼓励学生大胆创新，形成创新的理念和意识，为后面的综合训练奠定了良好的心理基础。

7. 课题研究的成果

课题研究成果是整篇结题报告中最为重要的部分。一个结题报告写得好不好，是否能全面、准确地反映课题研究的基本情况，使课题研究成果具有推广价值和借鉴价值，就看这部分的具体内容写得如何。

课题研究的成果一般包括两方面：一是理论成果，即通过研究而探索出能指导我们教育教学行为的规律性认识，或是实施的新措施、新策略等。二是实践性成果，即通过研究而形成可具体操作的工艺性成果，如基本方法、步骤、途径等，或者是产生教学上物化的产品性成果，如教材、实验装置、音像制品等。

8. 研究结果的分析

结果分析是根据研究过程中收集到的资料、数据进行整理后展示的客观事实。对这个部分的内容陈述要求比较简单，但要求所找的主要问题准确、中肯。它告诉我们最终得到什么，这些东西是什么。其中，可用文字简要说明，也可用图表直观表达对研究结果的分析。

同时，研究报告中必须指出哪些问题已经解决了，还有什么问题尚待研究（有的报告可以不写）。

实例 3-8："应用远程教育提高小学教师信息素养"课题的结果分析

通过课题研究，探索建立了适合远程教育特点的、科学有效的课堂教学模式和管理机制；使广大教师真正学到了知识，获得益处，也为提高学校的教学质量做出了贡献；实现了远教资源与学科的整合，最大限度地发挥了教师的主导作用和学生的主体作用；进一步增强了教师的教育技术使用意识；提高了教师们运用远程教育资源开展教育教学的能力和开展教育科研工作的能力；培养了一批能应用现代教育技术教书育人的骨干教师；促进了学校教育教学改革的深入开展。

在课题研究过程中，注重从整体上提高课堂教学效率，但忽视了对特殊学生的研究；各学科之间存在着不平衡，基于学科研究如何运用现代远程教育资源进行学科整合方面，有待于今后进一步完善；缺乏新的课程理念如何有机地与该研究相结合，促进这项课题研究更加深入地开展相关方面的说明；个案研究有待加强。

三、撰写研究报告应注意的问题

1. 突出重点，详略得当

课题研究报告是以告知科研工作的经过和结果为目的的一类科研文章，是研究者在对课题研究资料进行整理分析、回忆、反思的基础上，对整个研究过程及研究结果进行分析总结，以研究报告的形式将研究过程、所得结果及自己的认识明确地表达出来，同别人进行交流。因此，在撰写课题研究报告时，重点要把"研究的过程""研究的成果"等内容详写，而对"研究的背景""研究的目的、意义""研究的方法"等方面略写，以便突出重点，主次分明。

2. 不要只讲事实，不揭示规律

有的教师初次进行课题研究，所撰写的研究报告虽然也符合基本格式，但是只讲做法和研究结果，没有揭示规律。这样的研究报告给人的感觉就比较肤浅。一份研究报告，不但要包括其"是什么"，而且要包含其"为什么"，要对研究结果做深入的分析，从中揭示出一般规律。

3. 尊重事实，实事求是

撰写课题研究报告，要有严谨的写作态度，以课题研究为前提，以事实材料为依据，实事求是地阐述研究情况和研究成果；不要主观武断地就某一现象进行全盘肯定或全盘否定，把自己的研究结果绝对化，似乎好得没有一丝缺点，这既不符合客观实际，又不符合研究报告遣词造句的要求。

第 77 问

科研课题结题程序一般是怎么样的？

课题立项后，课题负责人就要开始准备课题结题的资料，有些资料要在课题研究过程中获取，不要等课题全部完成后再按照结题的要求去补资料。

一、科研课题结题的一般程序

科研课题结题的程序如图 3-1 所示。

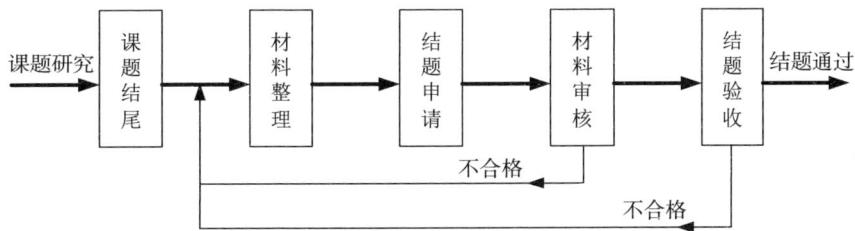

图 3-1　科研课题结题的程序示意图

二、如何做好科研课题结题

1. 分析结题条件

结题是课题研究中具有终结性的重要工作，原则上必须在完成课题研究任务后组织开展。因此，结题前必须对课题研究中涉及的各项内容做一次检查。检查的基本要求是，以研究计划、方案为依据，坚持实事求是的原则，依靠课题组的成员进行全面、客观的检查。检查的主要内容有以下 4 个方面：一是课题研究的目的要求是否全部达到；二是课题研究各阶段、各方面的工作、活动是否全面落实；三是课题研究的成果质量、水平是否达到预期的目标；四是课题研究的各项资料是否齐全。

2. 整理研究资料

课题研究中收集和形成的各种资料，是课题研究过程与结果的反映，是对课题研究工作进行全面总结的重要依据。没有足够的有关研究材料，就无法进行课题总结；同样，仅有一堆粗糙的、杂乱的材料，也无法进行总结。所以，结题工作往往是从整理材料开始的。整理材料的基本要求是真实、可靠、全面。

3. 撰写研究报告

如前所述，撰写研究报告就是对所取得的成果进行全面的分析、整理和表述，形成具有理论价值或应用价值的观察报告、调查报告、实验报告或论著，对提出的新理论、新观点、新思路、新对策、新方法，研究报告要反复讨论，向专家咨询，征求有关方面的意见，提高科研质量和水平。

4. 做好课题工作总结

总结课题工作是结题中的重要工作。课题工作总结就是对从课题立项到成果形成的研究情况、工作、活动进行全面的回顾、分析和概括。总结必须以教育科学理论为指导，以事实、材料为依据，经过分析、思考和综合，使对课题研究的主观感受符合客观实际，将初步看法、估计上升为理性认识、评价，使好的做法、经验具有普遍意义。因而总结过程是一个在工作实践中学习科研理论和方法的过程，是积累科研经验、掌握科研规律的过程，是自我认识、评价和提高的过程。

5. 做好课题经费结算

课题结题时要进行经费结算。随着经济及教育的发展，科研经费将会逐步增加，有经费支持的课题，其课题经费数额也会相应增加。课题经费来源包括主管部门拨款、单位资助、课题组自筹3个方面，要统一清理，分别结算；要根据科研经费管理制度，检查经费支出是否符合管理原则，支出是否合理、有效，开支手续是否遵循常规，单据是否齐全，收支是否相符，如有结余或超支如何处理。经费使用情况检查、结算后，要填写收支清单，并附上单据。

第78问

结题需要注意哪些事项?

一般来说，课题按照预定的研究计划完成相关的研究任务之后，就可以顺利结题。结题的时候需要注意以下3个问题。

一、理清课题结题时须上交的材料

一般教育科研类课题结题时须上交以下材料：

（1）课题立项申请书、结题申请；

（2）课题结题验收表；

（3）课题结题研究报告（重要过程、成果分析）；

（4）反映全部研究成果的佐证资料（阶段研究报告、论文、研究材料、教育案例、教育故事、活动实录、编著等）；

（5）反映研究过程的主要资料（阶段计划总结、研究工作中的各种原始记录、照片、工作日志、会议记录、教育教学效果的测试、评价材料、获奖证书、读书笔记、心得体会、个案、叙事资料、音像资料、问卷、调查报告等）。

二、检查课题研究的目标和要求

（1）检查课题研究的目的要求是否全部达到；

（2）回顾课题研究各阶段、各方面的工作、活动是否全面落实；

（3）检查课题研究的成果质量，水平是否达到预期的目标；

（4）课题研究的各项资料是否齐全。

上述4个方面都已达到预定目标和要求，即具备了结题条件，如其中某一或某几方面未达到或未完全达到预定要求，不具备或不完全具备结题条件，就要采用补充、改进措施；某些调研活动流于形式的，要重新组织调研；某方面研究资料缺乏，就要进一步收集整理；数据统计有误的，要及时纠正；研究文稿一般化的，要认真讨论、修改；等等。

三、注意档案材料的整理

（1）凡是研究报告中提到的内容，都要有相关的研究或者实践过程的佐证材料。

（2）佐证材料要用专门的档案盒分类装好，从课题立项到课题培训到调查问卷、报告等，并且每个档案盒内要有卷内目录，以便查阅材料时查找。

（3）所提交的佐证材料要体现研究的效果和价值，不能过多、过于细碎（诸如所有的调查问卷），要梳理提炼，阶段性成果、原始材料不要超过3件。

（4）所有的档案材料一般用A4纸双面打印，左侧装订，注意排版，所提交的份数按要求交足。

（5）负责人签名，所在单位填写结题意见及盖章。

第79问

课题结题通过的考核依据是什么？

课题按期完成后，原则上最终成果均须进行结题或者正式评审（鉴定），通过评审（鉴定）后才予以验收结题。因此，课题负责人在课题立项时，就需要了解清楚课题结题时的考核依据。

一、课题鉴定的依据

课题鉴定是以任务合同书约定的内容和预期目标为基本依据的，参考其他验收材料对课题的各项任务指标完成情况、经费是否到位及使用是否合理规范情况、取得的经济社会效益情况、知识产权的形成情况、科技人才的培养和队伍建设情况、组织管理情况等。

二、课题鉴定的标准

鉴定专家在认真审读研究成果的基础上，对照课题申请书预期达到的目标，实事求是地对成果提出客观、公正、全面的鉴定意见。鉴定的标准如下：

（1）结题材料齐全；

（2）课题政治观点及学术思想正确，研究思路清晰；

（3）课题成果中提出的理论、观点、方法和建议、对策等有学术价值和实践意义，具有科学性和创新性；

（4）课题成果所依据和使用的资料与数据准确、完整；

（5）课题成果所运用的方法及手段具有可靠性和先进性；

（6）课题成果达到何种水平，已有实际应用的效果或预期效果或效益如何；

（7）课题成果中还存在哪些问题和不足，该领域尚有什么问题值得深入研究，今后朝什么方向努力；

（8）提出是否可以通过结题鉴定的意见，上述标准和内容应在实际鉴定过程中，结合不同学科、不同课题的特点，正确掌握和运用，再给出具体鉴定结论。

三、免于课题鉴定的条件

各类课题尤其是教改类课题，一般都可以申请免于课题鉴定而予以结题的，但这需要满足一定的条件。

1.《浙江省教育科学规划课题管理办法》的有关规定

主要研究内容在全国中文核心期刊上发表 1 篇以上论文的重点课题或在省级以上公开刊物上发表一篇以上论文的年度规划（含专项）课题

可免于鉴定，获得设区市以上政府、教育行政部门或科研管理部门三等奖以上的课题成果可免于鉴定。免于鉴定的课题的负责人在报送《浙江省教育科学规划研究课题结题申报表》的同时，须提供相关符合条件的材料原件和复印件各一份，在浙江省教育科学规划领导小组办公室备案后办理结题手续。

2.《浙江省中华职业教育规划科研项目管理办法》（浙社发1号）的有关规定

第十七条　项目完成后必须进行绩效评价和结题验收。绩效评价和结题验收合并进行。对于符合国家和浙江省有关成果鉴定办法、评审办法规定的成果，可向省中华职业教育社宣传教育委员会申请该项目的成果鉴定或评审；不符合鉴定或评审范围的项目，须提交《浙江省中华职业教育科研项目结题申请表》,报省中华职业教育社审批结题。涉及政治、民族、宗教、军事等敏感问题和其他重大舆情相关的研究成果,须先鉴定、领取结题证书后再出版或发表。

结题验收的结果分为4种等级：优、良、合格、不合格。结题验收的结果视同为该项目的绩效评价结果。

第十八条　根据项目主要研究内容在公开刊物上发表1篇及以上论文、或由省中华职业教育社结集公开出版的研究成果集上发表两篇及以上论文的科研项目可免于鉴定。发表的论文以出刊为准，且须在发表刊物中注明 "项目来源和项目批准号"等信息,项目负责人至少有一篇论文为第一作者。获得设区市政府、教育行政部门或科研管理部门二等奖及以上，省政府、省教育行政部门或科研管理部门三等奖及以上，或被省中华职业教育社和厅级以上行政部门采纳的成果可免于鉴定。

［资料出处：《浙江省中华职业教育科研项目管理办法》（浙社发1号）］

第80问

怎样组织好课题结题（评审）会？

课题完成后要进行绩效评价和结题验收，若课题研究主要成果已经公开发表或者已获得相关政府部门奖项的可以免于鉴定，由科研主管部门根据成果进行结题验收。对不符合免于鉴定条件的课题，需要进行鉴定。课题结题（评审）会是会议鉴定的一种方式，在完成研究课题任务后，召开课题结题（评审）会对课题进行绩效评价与结题验收。

一、会前准备

1. 准备材料

在准备申请课题结题前，需要准备好相关材料。一般包括以下内容：

（1）开题时的资料，包括课题申请书、立项证书或文件和开题报告等。

（2）课题研究工作报告，包括课题研究的主要过程和活动（包括时间、地点、人物、主题、效果等）；研究计划执行情况；研究变更情况；成果的出版、发表情况，转载、采用、引用情况，为企业解决实际问题而产生的经济效益情况等；获奖情况与相关报道；研究经费决算情况（含经费支出情况明细表）。平实表述这部分内容，勿用华丽辞藻。

（3）课题研究成果报告，包括课题的研究背景；研究目标、研究内容、研究对象、研究方法；研究实施、结果与分析（数据或案例分析），研究结论；研究的主要特色与创新点；研究中存在的问题；今后的研究设想；主要参考文献。这是结题材料的重中之重，一定要写好。

2. 提出申请

在召开课题结题（评审）会议一个月前，课题组应以口头或书面形式向单位科研主管部门（如学校的科研部门）提出结题（评审）申请，并同时或随后呈递已准备的材料。

3. 商定方案

单位科研主管部门主动向课题立项批准机关报告，提供相关材料，并商定评审方案（包括时间、地点、场地、评审专家信息、到会领导信息、评审会负责人信息等）。

4. 抽取专家

单位科研主管部门从专家库抽取 5 位课题评审专家，专家须具有高级专业技术职务。课题成果申报人为企业人员的，所在单位的专家原则上不能参加鉴定；项目所在单位组织的鉴定，聘请的校外专家数原则上不得少于鉴定组总人数的 40%。在结题（评审）会议召开之前半个月或最少一周之前，将课题研究工作报告和课题研究成果报告等相关材料分别呈送给参加鉴定的成员，并督促他们提前审读成果材料，做好会议鉴定准备工作。

5. 现场准备

项目研究成果及相关材料一套（评审专家人手一份），项目研究报告 PPT，投影仪、电脑（评审会前一天装好打印机驱动软件）、电源接线板、横幅 / 欢迎字幕、茶水、台签、纸笔、打印机、与会人员名单、专家评审费发放表（相关信息按财务要求）、专家签到表。

二、会议主要议程

1. 第一步：课题组汇报

一般由课题负责人汇报课题的研究内容、实施过程及主要经济技术指标完成情况。

2. 第二步：专家质询、讨论

评审专家根据项目组的汇报情况，结合现场查阅的相关资料，提出质询，也可就某些问题展开讨论。

3. 第三步：形成结题验收意见

评审专家在讨论的基础上形成课题的结题（评审）意见，结题（评审）意见一般包括课题研究的完成情况、课题研究形成的成果、课题研究具有的特色（若有），最后明确专家组是否同意该课题通过结题验收，并给出综合评价分或评价等级。

第81问

准备结题前需要和哪些相关人员取得沟通？

课题在准备结题前，课题负责人需要和以下相关人员取得沟通：

1. 课题组全体成员

课题准备结题前课题主持人要与课题组全体成员做好沟通，一般会召开一个研讨会，主要包含以下内容：

（1）总结交流课题的研究情况。讨论课题自立项以来开展的工作，所形成的成果和取得的绩效，对课题研究做一个总结，形成两份书面报告，即课题研究工作报告和课题研究成果报告。课题研究工作报告主要包括课题研究的主要过程和活动，研究计划执行情况，成果的出版、发表情况，转载、采用、引用情况，为企业解决实际问题而产生的经济效益情况，获奖情况与相关报道及研究经费决算情况等；课题研究成果报告主要包括课题的研究背景、研究目标、研究内容、研究对象、研究方法，研究实施、结果与分析（数据或案例分析），研究结论，研究的主要特色与创新点，研究中存在的问题，今后的研究设想，主要参考文献等。

（2）讨论课题的结题方式。课题完成后要进行绩效评价和结题验收，若课题研究主要成果已经公开发表或者已获得相关政府部门奖项的可以免于鉴定，由科研主管部门根据成果进行结题验收。对不符合免于鉴定条件的项目，需要进行鉴定，项目鉴定一般有会议鉴定、通信鉴定两种方式。

（3）讨论课题鉴定方案。如果课题不符合免于鉴定条件，确定鉴定方式后，需要讨论具体鉴定方案，特别是当采用会议（现场）鉴定方式时，需要讨论会议（现场）鉴定工作内容，并做好相关分工。

2. 课题涉及行业相关专家

课题准备结题前负责人要与涉及行业相关专家进行沟通，向专家汇报课题实施过程、取得的成果、研究的主要特色与创新点及开展研究过程中存在的问题和今后的研究设想等，同时将课题研究工作报告和课题研究成果报告及立项时的相关材料一并呈上，征求行业专家的意见和建议，进一步完善课题研究成果报告。

3. 单位项目管理干部

课题准备结题前负责人要与单位科研主管部门（科研管理处或科技处）的课题管理员进行沟通。向单位科研主管部门相关人员汇报课题的实施情况和取得的成果，商讨并确定课题的结题验收方式。

第82问

怎样更好地应对结题会上一些专家的提问和质疑？

结题是课题研究任务完成后，将课题研究过程中形成的大量材料，通过整理、总结、归纳、提炼，获得新的规律或提出新的见解，再变成完整有序、科学规范的研究成果。通过结题这一环节，总结研究成果，并获得有关方面的成果鉴定和认可，从而使成果具有一定的权威性，便于推广、应用，并对研究工作做出评价。

课题结题（评审）会上，课题主持人需要回答专家的问题，进行有效的答辩。其中，大家最关心的是课题结题（评审）会上专家会问什么。下面罗列一些在结题（评审）会上常被提的一些问题。

（1）为什么要选择这个题目来研究，你怎么想到要选择这个题目的，你参考了哪些书籍和资料？

（2）你研究了什么内容，你是从哪几方面来研究的，怎样研究的，研究方法是什么？

（3）你的数据来源是什么？（专家可能会针对数据来源提一些尖锐的问题，以确保数据来源的严谨科学）

（4）你的创新点在哪里？

（5）你的课题跟别人有什么不同，跟别人的课题相比，你有哪些优势？

（6）你的课题意义是什么，有什么用？

（7）目前取得了哪些成果，有没有完成课题预期成果，成果怎么推广出去？

其实课题结题答辩时专家问的问题，并不是刁难，更多的是对课题进行指导，给课题成员一个更清晰的思路，让他们对课题把握得更好。每一项课题的研究过程都是比较艰辛的，但在艰辛的研究过程中会提高自己的专业能力，丰富研究经验，让自己的相关能力得到足够的提高。

专家的质疑是对研究成果的二次检阅，课题成员摆正心态最重要。课题组成员可以通过下面这些问题反问自己，这是对自己的成果的重新审阅。

（1）当你把自己的想法说给专家听的时候，真的说清楚了吗？是清晰的目标和步骤，还是笼统大概的介绍？

（2）如果你已经给出了清晰的目标和步骤，他们的批评和质疑，你事先想过吗？为什么你会没有想到？如果你已经事先想到了，只是现在还不够完善，补偿措施是什么？何时、如何才能完成？

（3）如果这些批评和质疑都是你没有想到的，那么，有哪些是出于现实的问题，哪些是因为你对研究成果的不理解？

（4）对研究成果的不理解，是源于自身的能力问题，还是项目目标在现实中没有参照物？

第83问

课程组成员如何分享课题成果，包括论文署名等问题

目前课题成果分享中最大的问题就是署名问题，无论是论文、专利、还是奖励等方面都涉及人员的署名问题。署名作者是那些对论文做出实

质性贡献的人。一般情况下，实验的实施者和执笔者为第一作者，实验的设计者（指导者）等［如导师或科研团队（课题）的领队］可为通讯作者。成果的署名是一个很重要的问题，署名一则体现了荣誉的分享，二则是一种责任，涉及名利的事情处理不好是很容易产生误会、误解或矛盾的。看起来似乎很简单的署名问题，实际操作起来有些时候也是很难的。目前大多数科研成果需要多人协作来完成，那么署名如何排序呢？如在论文上署名的人员应该是在实验设计、数据收集、数据分析和论文写作等全过程中做出了实质性（或主要）贡献的人。按照惯例，实验的实施者，又是论文的执笔者，自然应该是论文的第一作者，如研究生、博士后、一些年轻学者等；导师或者项目（课题、实验）的设计者且对论文的主体主要负责的人作为通讯作者，列在最后一位。第一和最后一位作者之间的作者排序可以根据对论文的实际贡献大小进行。论文的作者应该掌握论文的细节和主要结论并同意发表，同时能够回答读者等对论文的相关问题和质疑。由于有些时候，对一篇论文的贡献大小是很难定量化的，最好是在实验开始前，就讨论好论文作者的署名顺序。如果能早些讲清楚署名的原则和相关安排，以后就不会产生一些不必要的纠纷。对于一些重要的论文，有多个作者做出的贡献是等价的，可以作为联合第一作者处理，但是作为联合通讯作者的比较少见。对于那些实验过程做出了贡献（如实验员、动物饲养员等），但没有达到作为作者的程度，且在论文的写作过程中只提供了一般性帮助（如协助查阅文献、分析数据）的人员，在论文中必须进行致谢。其间必须强调的是，在论文上署名的作者除了可以分享成果的荣誉外，重要的是对论文成果的真实性等方面负有责任。如果在论文中没有特别的分工说明，发表的论文一旦出现了问题，如出现数据不实、剽窃、抄袭等学术不端情况时，所有作者都要承担相关责任。现在有些刊物在发表前让作者签名，说明阅读过并同意发表论文中的数据和结论，有些刊物则规定通讯作者可以代表所有作者。还有些刊物要求明确说明每个作者的责任和贡献，如谁收集的数据，谁设计的实验，谁实施的实验，谁参与讨论，谁进行数据分析，谁执笔等。

第84问

在哪些情形下，课题被认为不能结题？

课题结题是课题研究过程的最后一环，也是最关键的一环。课题负责人要召集课题组成员认真学习结题文件，按照结题程序，对照立项申请书，看看课题研究的目的是否全部达到，课题研究各阶段的工作、活动是否全面落实，课题研究成果的数量和质量是否达到预期目标，反映全部研究成果的各项资料是否齐全。然后撰写结题报告，整理收集相关成果的佐证材料，向课题组织方提交课题结题申请，课题结题评审通过后才算是结题成功，这个课题研究才算完成。

课题结题评审有一定的标准，这个标准由课题组织方制订，不同的课题要求上有差异。课题组要严格按照相关标准来完成结题的各项工作，提高结题的成功率，反之就会有无法结题的风险。下列情形，课题被认为不能结题：

1. 课题预期目标未能实现

目标就是课题要解决哪些具体问题，最后要达到什么具体目的。它是研究者在研究过程中，根据课题前期准备过程中所收集到的有限资料和事实，根据自己的经验和知识，对要探索、解决的问题进行综合性思考后，提出的一种或几种可能性、推测性的初步设想或答案、结论。目标要紧扣课题，具体明了、准确精练。未能结题的课题在目标的设置上存在这样3个问题：一是目标过多或过大。目标过大，研究问题无法解决，研究后目标无法实现，如用"建设一支专业教师队伍，提升教学水平；全面提高办学水平"这样空泛的词语来表达。二是内容与目标不分，未细化，过宽过杂，扣题不紧。例如，几乎将学校所有的工作列入研究内容，事实上不可能办到，导致对预定的目标没有充分进行研究或无法进行研究。三是目的与目标不分。目的是较为笼统、概括的，而目标是比较具体、细化的，通过研究和实践，目标是能够实现的。只有目标明确而具体，才能知道研究的具体方向是什么，才能知道研究的重点是什么，研究思路就不会被各种因素所干扰。

比如"行动导向在计算机语言类课程中的实践与研究"课题的负责人就定了这样几个目标：形成计算机语言类课程行动导向教学的教学模式，进一步明确什么样的内容适合什么样的教学方法；提高教师专业能力和专业素质，提升教师教科研水平，促进教师专业发展，为学校培养一支高素质的专业教师队伍；提高教学效果，提升学校的教育教学水平。这个课题的目标就是大而笼统、高而空洞的理想目标，显然通过一种教学方法在一类课程中的实践与研究，要实现为学校培养一支高素质的专业教师队伍、提升学校的教育教学水平的目标是有难度的，而且这样的目标很难有支撑材料。

2. 课题预期成果未能完成

成果是课题任务完成的主要标志，成果数量和质量的达标，是课题结题的标准之一。教育研究成果的形式主要有研究报告、论文、专著、教材等，也可以是方法设计、方案、教具和教学仪器、实训设备、教学软件（包括音像制品、计算机软件）等，要按照研究进度，列出阶段成果和最终成果。研究成果的内容、形式、数量要根据课题的大小、内容性质、研究周期长短来拟定，要切合实际，要能够完成。例如，对综合课程开发内容的研究应该有课程资源开发的方案和具体的课程资源，对技术研发类课题的研究应该有产品的设计图纸、使用说明和实际操作的视频。比如，论文发表的篇数与预期的篇数不符，论文的内容与课题研究的内容无关，发表期刊的级别不符合要求等，都会导致课题不予结题。有些课题的关键成果不是原创的，或是借鉴别人的成果，或是偷换概念把之前的课题成果翻新，这也会导致课题不予结题。

3. 结题报告的格式不规范

没有按照规定的格式撰写结题报告：一是以论文的形式代替结题报告。二是结题报告的内容不完整，要么缺项要么漏项，特别是正文部分的内容不完整，直接影响到结题报告的质量。完整的结题报告应该包括做什么、为什么做、怎么做、做得怎么样、反思总结等 5 个部分，正文部分应该包括课题研究背景和意义、概念的界定、研究的理论依据、研究目标和内容、主要研究方法和措施、研究的实施过程、研究的主要成果、研究后的思考和建议、主要参考文献等内容。图 3-2 是一个技术研发课题结题报告的目录，看这个目录，就可以判定这是一份不合格的结题报告。三是结题报告类似于课题工作总结。也就是说，有的课题的研究工作仅停留在做的层面，而不是对从课题立项到成果形成的研究情况、工作、活动进行全面的回顾、分析和概括，没有将工作上升到研的层面，没有将感性认识上升到理性认识，使好的做法、经验具有普遍意义。

目　录

一、课题研究人员基本情况 …………………………………1

二、课题立项依据 ……………………………………………2

三、课题研究内容 ……………………………………………4

四、计划进度和阶段目标 ……………………………………6

五、课题研究概况 ……………………………………………7

六、经费使用情况 ……………………………………………9

七、实物照片 ………………………………………………… 10

图 3-2　结题报告目录

4. 结题材料不齐全

一是材料没有分类，课题负责人一股脑儿地把所有的材料放在一起。结题材料大体可分调研材料、成果材料、课题工作材料、研究过程材料、成果效益与影响材料等 5 大类，要分门别类地整理好。二是材料不齐全，或者缺开题报告，或者缺课题研究方案和研究计划，研究过程缺得最多的是会议和活动的记录、照片等。比如，技术研发类课题，需要提供实物成果（产品、软件），相关的佐证材料包括研究报告、结题报告、论文、专著等文字材料和软盘、声像、图纸、模型、器具、实物等非文字成果。一般情况下，非文字成果提供得比较少。三是材料没有编目。对各种研究材料，经过鉴别、分类处理后，要进行编号，再编写目录，填写材料类别、名称、来源，便于评审专家查阅。

另外，课题研究结论不合理、不可信，缺乏新意；概念不明确，条理不清晰，逻辑混乱；研究方法不当，研究设计与实施方面有明显欠缺；未经相关部门同意，随意变更课题负责人或参与人；课题经费乱用等，都会导致课题不予结题。

第85问

因某种原因，已经预计到不能按时结题该怎么办？

课题组织方对课题研究周期的规定一般是1—3年，在实施研究过程中，课题负责人要时刻关注课题研究进度，组织课题组成员按照研究计划进行研究，按时完成课题研究任务，按规定程序申请结题。但是课题研究过程中会出现一些变数，会遇到一些不可控因素，这些会影响课题研究进程，导致可能延期或不得不延期。

争取更多的时间，按要求完成课题研究。

办理延期结题，主要由课题负责人写出延期结题的书面申请或填写《××市课题延期结题申请表》（一般课题组织方都会有统一格式的延期结题申请表），经单位审核同意（一定要加盖单位公章）延期后，交课题组织方审批。课题延期结题申请必须具备4个条件：一是由于客观原因不能按期完成研究计划，因主观原因造成的课题延期申请是不能通过的；二是须提交延期申请并充分说明延期理由，理由不充分的申请，课题组织方将不予受理；三是申请延长的期限不得超过2年（一般为1年），且只能申请延期1次；四是最好随延期结题申请附上新拟定的课题研究计划。

课题延期的客观原因如下：一是课题负责人有其他项目要兼顾，或者课题主持人因工作调动需要更换。二是课题研究出了新的成果，需要进一步深入研究。三是政策变动，影响课题研究进程。四是课题组成员发生变动，影响课题研究进程。五是因自然灾害导致研究设备出现故障，影响研究进程。

　　申请延期结题，会有两种结果：一是课题组织方同意延期结题，那么课题组在延期的时间里，认真地完成研究任务，按规定程序在结题的时间节点上再申请结题。二是课题组织方不同意延期结题，那课题负责人就要加快进程，抓紧时间做研究任务，必要的时候，可以新增课题组成员，以保证按时完成课题研究任务，按规定程序申请结题。如果加快进程还是不能完成课题研究任务，那就意味着不能结题，那么课题组成员就得接受课题组织方的惩罚，比如1—3年内不得再申报课题组织方组织的课题。所以，课题立项后，课题组成员一定要齐心协力，按时完成研究任务，按时提出结题申请。

二、论文发表

（怎么发表论文）

第86问

怎么撰写课题成果论文？

最能体现课题典型成果的就是课题论文，其是课题研究最出彩的部分，课题负责人要在仅有的篇幅内将成果完美展示，主要注意这么4点：

（1）成果综述。必须以最简明扼要的语言，在第一段将课题的研究成果，用300个字（左右）完整阐述。类似于摘要，用词要有新意有特色。譬如："'一新四师'，青年教师培养模式的实践与研究"课题，其中"一新"显而易见是"一位新教师"，而"四师"是什么呢？是思想导师、专业导师、企业导师和班主任导师；通过什么方式建设新的培养模式，这就是关键段。

（2）与成果相匹配的研究过程。就是你"为了达到预期的成果"而伴之的研究过程、实施过程、完善过程、阶梯性过程等，其是研究的重要环节，要阐述清楚，不能"形同虚设"，必须是"为了达到最完美的成果"而做的研究，为第三步成果展示打下铺垫。"一新四师"是课题的关键词，论文要始终围绕着"为什么要提出'一新四师'—怎么样去实现'一新四师'—实施之后的成果展示—'一新四师'的创新性是什么"撰写，这样就不会偏离主线。

（3）成果展示。描述可以是典型案例说明、前后比对、经验反思等，要配成果图，或者是比对图等，在这里要将成果完美展示。其间要注意的是，数据要翔实、对比要清晰，图片要切中要害，成果要与研究相匹配。

（4）创新性或者可借鉴性总结。在创新性或可借鉴性总结时不一定要说你的研究成果填补了什么空白，但是可以说创新了什么，从而使整篇论文拔高。根据上述案例，以往我们在对青年教师的培养过程中会配备专业导师、班主任导师，却很少研究思想导师和企业导师，而这些在职业学校青年教师成长过程中是必需的，创新点也在于此。

第87问

怎么样把课题成果及时以论文的形式发表？

课题研究过程中，我们会发现有的材料是可以提炼成论文的。譬如"学生核心素养能力提升"课题，围绕着主题，课题组会得出与能力提升相关的课程建设、团队文化建设、心理素质建设等内容，由此引申到各类师资队伍建设，再引申到德育团队、企业导师、技能大师进校园等上。在各类课程建设中，我们会想到校本教材开发和编写；在团队文化建设中，我们会想到班级文化、社团文化、家校合作文化、企业文化渗透；还有最突出的就是通过核心能力培养，学生在专业技能、文化素养、创业成果、技能大赛中取得了成果，他们得到社会、企业的认可，个人获得感得以实现就是最好的成果等。当然，在我们的研究内容中，只要选取的角度得当，都可以提炼出阶段性论文。

1. "及时"是指发表内容的及时

在此我们强调专有名词的专利性。我们将学生个人全面发展取名为"蓝领插上金翅膀"，以此题为名发表论文就比较有新意。职业学校学生我们称之为"蓝领"，翅膀的原意就是理想的发展，而我们给翅膀添上金色，就远远超越了原来的蓝色，就是学生的个人成果多维超发展。

2. "及时"是指发表时间的及时

当政策信息具有指向性时，与之相关的论文发表，不仅具有时效性，而且可以将发表价值最大化。现下最热门的话题之一就是劳动教育，国务院提出职业院校要以实习实训课为主要载体开展劳动教育，如果有一篇名为"劳动教育背景下学生核心素养提升"的论文，就是最合时宜最应景的论文了。

第 88 问

怎样选择合适的期刊来发表课题成果？

实际上，有经验的科研人员不会等到文章写完之后才开始寻找目标期刊，而是在撰写论文前就已经规划好了文章的去向。通过对研究成果价值的判断，科研人员会锁定两三个目标期刊，还会为了提高文章的录用率，先瞄准某个期刊，分析该期刊近半年来的目录，再将自己的研究成果按照能够被该期刊录用的文章来规划设计，可以说这种研究是为某个期刊的"量身定制"。这些做法虽然功利，但确实比没有经过仔细规划更有效率，更能提高文章的录用率。

从课题研究的内容出发，了解期刊，就要考虑以下 3 点：

第一，如果课题研究内容存在局限性，譬如以专业为例；或者地域性比较强，譬如基于 ×× 省。因此在选择目标期刊时，科研人员就要考虑这些因素。每种期刊都有自己具体的方向和定位，比如同样研究领域的期刊，有的偏重理论研究，有的侧重发表实验结果，有的更倾向于综述和模拟等。

第二，根据文章领域，结合期刊影响因子选择几个合适的投稿期刊，并仔细阅读期刊的宗旨与范围。有的期刊看起来和你的研究领域相关，但是如果你仔细研究宗旨与范围，会发现你的研究论文不适合这样的期刊。

第三，如果研究具有突破性的成果，那么把论文发表在具有高影响因子的期刊或者权威期刊上，是对自己和期刊都有利的双赢选择。反之，科研人员就没有必要抱着赌一赌的心态投稿到具有高影响力的期刊去浪费审稿人和自己的时间。

譬如科研人员就"基于群岛新区的 ×× 研究"课题撰写的论文就局限在沿海城市期刊上发表；就"技工院校对外协作培训的研究"课题撰写的论文就比较适合于在所属人劳部的期刊上发表；就职业教育方面的研究，就适合在职业院校学报上发表等。

第89问

投稿时，有什么技巧可以提高论文被发表的概率？

1.提高论文质量，吸引编辑眼球

（1）论文选题要新颖。学术期刊的选题决定了一段时间内刊物发稿的方向和思路，符合刊物选题的论文更容易引起编辑的兴趣，因此研究者应密切关注研究专业领域内的理论前沿和社会热点，获得最新信息，了解同行的研究进展。

（2）题目和摘要是文章的"眼睛"。成功的论文题目能够吸引编辑和读者的眼球。标题的设置应言简意赅、主题突出、语言规范、形式考究，同时应注意标题之间的逻辑性和层次性。题目的字数一般控制在20—25字。摘要，是对论文重要信息的凝练，作者必须在摘要部分有条理、通顺、简要地对文章内容加以概括，好的摘要应具有独立性和自含性，也就是说，即使不阅读全文，也能够通过摘要获得论文中的必要信息。摘要一般200—300字。

（3）论文格式要规范。格式规范的论文可以给编辑和审稿老师留下良好的第一印象，同时这也是作者态度认真、作风严谨的重要表现，还能够体现作者对刊物的尊重和重视。作者在投稿前务必要阅读欲投期刊的投稿要求，并参阅刊物近期发表的论文的相应格式。

2.注重投稿技巧

（1）准确选择投稿期刊。研究者要依据自己项目的层次、论文的关键词、内容、研究水平，选择合适的期刊。如依据厅级项目、校级项目，论文初涉研究者一般选择省级刊物发表；依据省级项目写的论文，有经验的研究者可选择北大核心、CSSCI、国内一级期刊等发表。搜索期刊目录，找到与自己要发表论文相匹配的杂志，列定一个期刊清单。研读了解其文章风格、栏目设置、近期选题、学术影响力等，从而进一步缩小欲投期刊的目录范围；再根据期刊发表周期选定投稿期刊。如半月刊比月刊周期短，发表机会多；《教育与职业》是北大核心期刊，职业教育、就业创业等相关论文可以选择该杂志发表。有经验的作者，通常是先选定杂志，再研究杂志的风格来判别是否适合自己发表，然后根据拟投稿期刊的特点和要求，确定适合的内容和写作方式撰稿。

（2）注重投稿方法和沟通技巧。在保证文章质量的前提下，选定欲投的学术期刊后，作者应依据刊物公开的"投稿须知"或者近期发表稿件修改文章格式，并在稿件上注明作者简介、电子邮箱、联系方式等信息，以方便编辑与之联系。此外，作者还可以附上较为详细的学术成果简介，尤其是青年研究者，以使编辑更快地了解作者的学术水平和能力；还可以用诚恳的态度给编辑发个邮件，告知已投稿，表达希望能发表的迫切心情及一定要发表的理由等，以赢得编辑的青睐。

（3）切勿一稿多投。期刊投稿须知中通常都会注明"请勿一稿多投"，编辑非常反对作者一稿多投，因为这既浪费编辑的时间，也浪费审稿人的心血。同类杂志有时会有部分相同的专家，若这些专家在两家杂志社接到同一篇审稿论文，会认为该论文作者学术诚信有问题，那肯定被拒无疑。建议作者在投稿后两周至一个月的时间，主动联系期刊，咨询稿件审稿进度，据此确定是等待还是改投。

（4）正确对待论文修改建议。论文寄出后收到杂志社反馈，若给予审稿意见是退修，通常就有发表的机会，只要作者在给定的期限内修改寄回即可。作者要仔细逐条研读审稿建议，如果认同审稿人的审稿建议，就按照建议对文章进行一一修改，要保留修改痕迹，以方便审稿专家和编辑再次审读。如果作者不认同审稿人的修改意见，应当慎重和认真地给予详细说明，有理有据地与审稿人探讨。修改后，作者一般要在杂志社修改意见上逐条说明是如何修改的或者委婉地陈述认为无须修改的理由，与改好的论文一起再寄回杂志社。一般北大核心期刊及普通杂志经这样的修改就能发表。需要注意的是，在整个过程中，作者都应当保持谦虚的态度，尊重审稿人和编辑的辛苦劳动。

第 90 问

论文投稿时，署名有什么讲究？

我国著作权法公布以来，论文的署名已得到社会各界的广泛重视，署名的排序是对作者辛勤劳动的成果和创造智慧结晶的肯定。作为课题的支撑论文，在确定署名排序时可以考虑以下 3 点：

第一，第一作者应该是选题和设计的主要负责者，或者是起草或修改论文中关键性理论或其他主要内容者，或者是能对编辑部的修改意见进行核修，在学术界进行答辩，并最终同意该文的发表者。第一作者确定后，便于编辑、读者与作者联系，沟通信息，互相探讨，共同提高。

第二，课题研究是一个团队项目，团队成员必须相辅相成、互为依靠。课题组成员应该各有所长，如有的人擅长数据分析，有的人善于调研获取第一手资料，有的人擅长文献整理和综述成文等，那么课题论文可以根据每个人的所长撰写和发表。基于大型课题，可以发表多篇支撑论文，第一作者可以是子课题的负责人，他们对子项目的研究比较透彻，能够承担相应的解答和修改。

第三，课题负责人是领头雁，课题组成员应该基于阶梯式组成，课题负责人要帮助成员完成论文，并以第一作者发表论文，这样随着研究的深入可以带动一批乐于学习者。最后，仅参与获得资金、收集资料者、课题组管理者最好不要列为第一作者。

第91问

怎样和杂志社编辑实现有效的沟通？

和杂志社编辑沟通，我们会考虑到两个层面：

第一层面是遇到发表中介。作者投稿确认之后，如遇编辑跟你沟通（特别是付费），要明辨真假。一般杂志社都有官网投稿邮箱，都有值班编辑。像《职教论坛》杂志，就是官网投稿，会要求作者投稿时将论文分类，譬如你的论文是属于"师资队伍"栏目，就切分到相应的编辑那里。

第二层面是确实与杂志社编辑沟通。收稿后，编辑会审稿，如果你的论文被否定，就不用修改，直接被退回（有官网退回专用格式）。论文初审通过，进入修改环节时有4种情况：①文章质量可以，但是重复率略微偏高；②图文表现形式不合适；③数据或者计算值说服力不够；④还需要补充某些方面的内容等。合理范围的修改，作者必须认同编辑的意见，如果修改意见到了作者无法接受的程度，或者是改得面目全非了，作者可以主动撤稿。

越高端的期刊，越是严格执行"三级审稿责任制"，每一个环节都不能越级，也不能"取而代之"，任何时候都不能减少审级，各个审级的责任也不能相互取代。你的对接编辑是一审，编辑部主任、副主编、主编等负责后面两次审稿。所以稿子过不过还得三道程序走完才能确定。

譬如《以社会服务能力提升为目标的教师队伍建设》这篇论文，投稿时首选了《职教论坛》，对师资队伍提升的研究，必须先考虑国家层面对全社会技能培训的政策，编辑提出的修改意见是"政治站位不够高、缺少国家层面的理论依据"。2018年国家还没有出台职业技能提升行动方案，还没有确定市场急需紧缺职业技能，政策导向性不够，于是论文的影响力就弱了，后来这篇论文在某职业院校学报发表。

三、获奖申报

（怎样进行项目获奖申报）

第 92 问

科研项目研究成果如何去评奖？

一个科研项目完成结题，拿到结题证书，从完成课题任务上来说已经基本结束，但后面还有两个非常重要的事情，一是科研成果的推广应用，二是申请成果评奖。科研成果的应用是一个大学问，既是科研项目实力的体现，又涉及销售技术，这个问题在其他的问题中已回答，在此不再叙述。

科研成果评奖一般经过科研人员申报、单位推荐、同行专家评议、学术委员会评审、评奖结果公示等步骤。

（1）梳理并总结已有的成果。根据报奖通知认真梳理和总结科研项目成果的主要科学发现、技术内容、创新点、技术指标、授权知识产权情况和应用推广及取得的经济社会效益等内容，将上述内容进行提炼总结。目前申报职教科研项目奖项的途径不是很多，在组织的也大多数是协会、学会等社会组织开展的成果评奖。由省政府批准的《浙江省科学技术奖励办法实施细则（修订）》（2014 年 8 月 8 日）规定：获"省自然科学奖"项目成果一等奖的标准是：在科学上取得重大进展，发现的自然现象、揭示的科学规律、提出的学术观点或者其研究方法为国内外学术界所公认和广泛引用，推动了学科的发展，或者对经济建设、社会发展有重大影响。相关要求可以参阅该实施细则。

（2）尽量邀请专家对相关成果进行鉴定、评价或检测等，以方便评奖专家更好地了解自己的成果。评奖专家依靠个人的学识与特长，针对项目立项的必要性、可行性，科研成果所达到的水平、创新程度，以及成果的学术价值和社会价值等问题，对一项科研成果做出评价和判断。

（3）整合以上材料内容，进行报奖材料的填写，使之符合报奖要求。如《浙江省科学技术奖励办法实施细则（修订）》（2014 年 8 月 8 日）指出，对不符合规定的推荐材料，可以要求推荐单位、专家在规定的时间内补正，逾期不补正或者经补正仍不符合要求的，不提交评审。

第 93 问

如何及时获取项目评奖申报的相关信息？

有可以申报评奖的科研项目，研究者就需要平时去了解并研究相关申请评奖的规定和要求。职教类评奖目前比较多的是由协会、学会等社会组织开展的，这就需要预先关注这些机构发布的相关信息。

（1）关注报奖项目的官方网站，比如若要申报"浙江省科学技术奖"，则应时刻关注浙江省科技厅的"通知公告栏"（见表 3-3）。

（2）关注单位通知。各企事业单位一般会组织单位人员进行报奖，因此可以时刻关注单位报奖信息。

（3）关注相关官方微信微博。各企事业单位如有官方微信微博，应及时关注官方微信微博推送的信息。

表 3-3　几类常规科技成果奖项的预计申报时间

序号	奖励项目名称	预计申报时间	奖励范围	网址
1	高等学校科学研究优秀成果奖（人文社科）	每年 3 月—5 月	综合	https://www.sinoss.net/
2	浙江省哲学社会科学优秀成果奖	每年 4 月—6 月	综合	http://www.zjskw.gov.cn/

第 94 问

怎样准备项目申请报奖的相关材料？

申报材料应完整、真实，文字描述要准确、客观。申报奖项材料通常包括网络申报材料和书面材料。

（1）仔细阅读奖项设立者的《报奖通知》《浙江省科学技术奖励办法》和《浙江省科学技术奖励办法实施细则》，注意所报奖项的基本要求、报奖时间、申报形式和注意事项等内容。如《浙江省科学技术奖励办法实施细则（修订）》（2014 年 8 月 8 日）明确提到，"省技术发明奖"项目成果的完成人应是技术发明的全部或者部分创造性技术内容的发明人，项目成果完成单位应是完成人完成技术发明时的工作单位，单项授奖人数不超过 6 人、授奖单位不超过 3 个。

（2）仔细阅读所报奖项的《提名工作手册》或填报说明。其中已将所需材料详细列明，并注明了相关要求，因此应仔细阅读《提名工作手册》。如《国家科学技术奖励提名工作手册（2019 年度）》中提及的材料包括国家科学技术奖励年度工作日程、国家最高科学技术奖提名书、国家自然科学奖提名书、国家技术发明奖提名书、国家科学技术进步奖提名书、关于国家科学技术进步奖科普项目提名评审补充说明、关于国家科学技术进步奖企业技术创新工程项目提名评审补充说明、国家科学技术进步奖（创新团队）提名书、关于国家科学技术进步奖（创新团队）提名工作的补充说明、国际科学技术合作奖提名书（候选人/候选组织）、国家科学技术奖提名公示内容、提名材料形式审查不合格内容。

（3）学习借鉴已获奖项目的申报书。他山之石可以攻玉，借鉴学习已获奖项目的成功经验，往往能起到事半功倍的效果。

第 95 问

申请科研项目奖项时应注意哪些问题？

第一，注意报奖基本条件，判断自己是否满足报奖条件。如《2018 年度教育部奖申报通知》对报奖基本条件做了明确限定：

（1）高等学校科学研究优秀成果奖（科学技术）第一完成单位应当是高等学校，推荐项目数额不限。

（2）拟通过教育部提名 2019 年度国家科学技术奖的项目，须已获得省部级一等奖以上奖励，推荐项目数额不限。

（3）列入国家或省部级计划、基金支持的项目，应当在项目整体验收通过后推荐。

（4）同一人同一年度只能作为一个项目的完成人参加评审。

（5）推荐项目所含技术内容，不得与任何已经获得省部级和国家级科技奖励的项目内容重复，否则视为重复报奖。

（6）已推荐申报 2017 年度高等学校科学研究优秀成果奖经评审未获奖的项目，如无实质性进展，原则上不得推荐申报 2018 年度高等学校科学研究优秀成果奖。

第二，注意报奖时间和申报程序，不要错过报奖时间，且严格按申报程序执行。如浙江理工大学成果报奖申报流程如下：接上级部门报奖相关文件或其他渠道成果奖申报信息—转发上级部门报奖相关文件或其他渠道成果奖申报信息—组织相关学院、申报人召开申报工作会议，根据现有成果针对性组织申报—申报人根据申报组织材料填写申报书，学院主管科研院长签字后上报—科技处（人文社科办公室）组织相关专家评审，反馈评审信息—学院根据评审反馈信息对申报书进行修改、定稿并上报—科技处（人文社科办公室）汇总申报材料，向上级部门上报材料—申报负责人等待上级部门通知，部分奖项需要准备 PPT 答辩材料。

第三，应按照报奖要求填写相关内容，准备相关材料，防止材料的遗漏，避免形式审查不合格。

四、成果应用

（怎么进行成果应用推广）

第 96 问

怎样应用和推广课题成果？

　　科研的成果不仅是研究人员劳动的结晶，也是人类社会中宝贵的知识财富，是促进社会迅速发展的必不可少的技术和知识资源。成果的应用与推广这一过程是把科研和社会的实践活动相衔接，是科学产生的成效与财富服务于社会、造福于人类的必要途径。当然，科学是分门类的。教育科研成果与自然科研成果，特别是与实用性很强的应用性技术成果相比有很大的区别。例如，作为科学技术的成果十分强调技术更新、技术改进及用来解决生产建设中的实际问题并能产生直接的技术效应。应用类的科技开发成果则更注重迅速转化成直接的生产力，更加偏重于成果的商品化。而教育科研类成果大都很难直接体现其经济价值，其价值更多地体现在社会的精神产品上，体现在培养人、造就人的价值引导上。在进行应用和推广课题成果前，课题负责人需要进行课题成果推广的论证。成果推广是一项严肃而认真的事，需要经过严格的论证，其是对推广的价值、可行性、成本效益比等内容的论证。经过论证后，确定成果可以推广，即需制订推广方案，将成果积极推广出去，使其转化为实际生产力。课题成果推广的方式有如下 5 种：

1. 通过报告会、经验交流会，进行宣传型推广

对普教领域的教育科研成果，大多可通过召开成果报告会、学术交流会等方式推广。会议期间，由研究者宣读科研报告，介绍研究思路、研究方法、操作过程、成果价值等，进行宣传推广。

2. 通过现场观摩会进行示范型推广

对实践成效显著的成果更可用现场观摩会这种推广形式。其优点是直接、明确、生动，便于推广者和学习者在现场进行双向交流，这不仅能激发学习者的兴趣，也便于学习者对成果中重点、难点、操作定义、实施方法的掌握与吸收。

3. 通过专著、论文、成果汇编等，进行文字型推广

要对数量众多的成果进行推广，单靠会议宣传与交流，不可能满足所有需求，更多地需要通过情报载体、文本资料——专著、论文、成果汇编等进行文字型推广。这类推广方式的优点是便于保存成果的研究资料，有利于应用者时常学习和借鉴。

4. 通过学习指导进行培训型推广

对价值高、意义大、效果特别明显但操作要求又比较高的成果，就可以通过集中办班、系统培训的方法推广成果。通过研究项目实施者身体力行的传授指导，能保证学习者掌握该项研究的实施要领、方法步骤，使成果应用与推广取得很好的效果。

5. 模式型推广

对于技术研究类成果可通过"基础研究—应用研究—专利—产品开发"这个模式进行推广。

第 97 问

项目研究成果如何进行转换应用？

科技成果转化是指为提高生产力水平而对科研与技术开发所产生的具有实用价值的科技成果所进行的后续试验、开发、应用、推广，直至形成新产品、新工艺、新材料，从而发展新产业等。

一、科技成果转化

科技成果转化的途径，主要有直接和间接两种转化方式：

1. 科技成果的直接转化

（1）科技人员自己创办企业；

（2）高校、科研机构与企业开展合作或合同研究；

（3）高校、研究机构与企业开展人才交流；

（4）建立高校、科研院所与企业沟通交流的网络平台。

2. 科技成果的间接转化

（1）通过专门机构实施科技成果转化；

（2）通过高校设立的科技成果转化机构实施转化；

（3）通过科技咨询公司开展科技成果转化活动。

二、专利交易

专利交易是指以有偿的方式使专利在不同的经济主体间转移。专利交易是目前高校科研成果转换的主要形式之一。专利交易时需书面签订专利转让合同的注意事项有以下 5 点：

（1）交易的专利应符合《中华人民共和国专利法》的相关规定，即专利让与人必须具有该专利的所有权；如果专利属企业所有，必须经上级主管部门批准；如果向外国人（或向国外）转让专利，必须经国务院批准，签订专利交易合同，合同必须经专利局登记并公告后才生效。一旦专利交易合同生效，由此而产生的权利、义务一并转移到受让人。

（2）专利让与人要保证受让人获得技术知识，《中华人民共和国合同法》第三百四十五条规定："专利实施许可合同的让与人应当按照约定许可受让人实施专利，交付实施专利有关的技术资料，提供必要的技术指导。"

（3）专利实施许可合同，只在专利权的存续期内有效，专利权有效期届满或者在专利被宣告无效后，专利权人不得与他人订立专利实施许可合同。

（4）专利实施许可合同的受让人不得许可与让与人约定以外的第三人实施该专利并收取相应的费用。

（5）在专利转让合同成立前，专利权人与他人订立的专利实施许可合同或非专利转让合同，在专利转让合同成立后仍然有效，其约定的权利和义务，转移到专利转让合同的受让人。

三、专利交易和科技成果转化的关系

（1）一般而言，专利交易是科技成果转化的一种类型；

（2）科技成果转化应该包含成果转化等其他类型；

（3）专利交易一般也用于科技成果的转化。

第98问

成果转化中如何保护自己的知识产权？

1. 要提高保护成果转化中知识产权的意识

2008 年《国家知识产权战略纲要》颁布，2019 年 11 月中共中央办公厅、国务院办公厅印发了《关于强化知识产权保护的意见》，要求力争到 2022 年，侵权易发多发现象得到有效遏制，权利人维权"举证难、周期长、成本高、赔偿低"的局面明显改观。中国知识产权保护进入新时代，科研工作者在成果转化过程中更加要提高自己的知识产权保护意识，加强从法律上确认和保护人们（包括自然人和法人）在科学、技术、文学、艺术等（精神）领域所创造的智力成果所享有的权利。

科研工作者在增强知识产权保护意识方面，既要做到有信誉、不违法、不侵权，也要做到未雨绸缪，加强监测预警等，多做关于成果转化信息的检索和分析，多了解国际上前沿技术产权的布局和相关机构，把知识产权保护纳入科研的经常性、日常性工作中，还要在自己的知识产权受到侵权时，主动运用法律等武器，保护自己应有的产权利益。

2. 保护知识产权的途径

以下 8 种保护知识产权的途径，构成了以司法保护为主导、行政执法与司法保护有机衔接、社会各界广泛参与的大保护体系。

（1）司法保护。所谓司法保护，是指通过司法途径对知识产权加以保护，包括知识产权审判、刑事侦查、公诉及法院享有终裁权的行政行为等一切保护手段与环节，通俗地讲就是"打官司"，特别是通过诉讼的形式，取得法律上的有利地位，让侵犯知识产权者停止违法甚至是犯罪行为，情节严重的侵权者还会得到相应的惩罚。知识产权司法保护是主体保护渠道，居于知识产权保护的重要位置。

（2）行政保护。行政保护是以司法保护为主、行政保护为辅的我国知识产权双轨制保护模式的组成部分。中国国家和地方知识产权行政机构如国家知识产权局、国家工商行政管理总局、国家版权局、海关总署等具有行政执法职能，会比西方国家的相关部门更多地采取与专门执法机关共同行使知识产权保护行政权，维护知识产权权利人的合法权益。

目前，国家知识产权局在全国各地开展针对区域重点产业的知识产权保护中心建设工作，这对于提高专业化的行业知识产权保护水平，有效保护重点产业、重点企业的知识产权利益而言，可能成为一种重要的行政（公共）保护措施。同时，结合自贸区升级版建设、自由贸易港建设，进一步加强海关知识产权保护；在知识产权保护领域深化"放管服"改革，营造更好的知识产权保护氛围和营商环境；推进自贸区"三合一"知识产权综合管理改革试点，为创建提供知识产权保护的行政管理新机制做支撑。

（3）专业化企业保护。除了司法保护和行政保护两大主流渠道外，也要关注动员社会力量参与到知识产权保护工作中。总的导向是，在政策上，要鼓励动员更多社会力量参与到知识产权保护体系的建设中，为各类民间力量发挥主动性、积极性、创造性留有更广阔的空间，从而共同构建社会化保护体系和多元化知识产权纠纷解决机制。

专业化企业保护是纯市场行为，随着大数据技术、智能科技的广泛应用，许多知识产权保护事务将逐步走向网络化、智能化，一大批知识产权保护服务企业的发展前景被看好，保护服务成为知识产权服务业的一个重要组成部分。

（4）纠纷仲裁与调解。纠纷仲裁与调解有赖于建立对第三方保护机构信任的知识产权快速保护机制。在国家层面，近年来，国家知识产权局开展了知识产权纠纷仲裁与调解试点工作。建立知识产权纠纷的仲裁调解机制，是一种与国际接轨的知识产权纠纷处理制度安排。仲裁与调解机构具有中立、保密、高效专业、节约时间和费用等优点，给纠纷双方更多选择，尤其为商业秘密纠纷的解决提供更好的选择。

在我国，人民调解组织、社会团体、律师、专家、仲裁机构都可以在纠纷仲裁和调解中起一定作用。中国国际商会和各地都相继设立了仲裁委员会或仲裁中心，扩展知识产权纠纷仲裁业务水到渠成。

人民调解委员会的设立是一种具有中国特色的知识产权纠纷快速处理制度安排。中国专利保护协会设立人民调解委员会的目的是完善知识产权纠纷多元化解机制，着力破解知识产权保护周期长、成本高等难题，以专利、技术秘密等为重点，并兼顾相关领域知识产权案件。

（5）平台企业保护。随着互联网技术的不断进步，互联网平台型企业在经济发展的方方面面的作用与影响日益突出。由平台型企业对平台生态系统相关主体的知识产权进行自我监测、自我约束、及时提醒和限制知识产权违法违规行为等，成为一种必然，也是政府对平台企业的监管要求。对于提供内容服务、自营商品的网络平台企业，更是负有保护知识产权的义务。

以阿里巴巴集团成立阿里巴巴知识产权研究院为标志，平台企业将在未来新经济条件下的知识产权保护中发挥越来越重要的作用。随后，阿里巴巴知识产权研究院发布第一份研究报告——《中国电子商务知识产权保护回顾与展望》，指出电子商务所特有的广域性、即时性、虚拟性、互动性等特点给知识产权保护带来了巨大挑战，为应对这些挑战，包括司法机关、行政机关、电子商务平台、权利人、消费者等在内的相关主体积极探索符合市场规律、创新、高效、多方共治的知识产权保护模式，实现了数字时代知识产权保护的变道超车，形成了具有鲜明特色的中国经验。其中，平台被列为保护主体。

（6）联盟保护。通过构建专利组合形成产业知识产权（专利）联盟，或通过构建专利池尤其是标准专利池形成的产业知识产权（专利）联盟，是今后产业知识产权保护的重要方向。前者一般适用于产业竞争实力不强，在全球或区域性竞争中比较弱小的行业。后者强调权利集合基础上的对外授权，是专利联盟的高级阶段，一般只有具有核心技术的标准专利才能进入专利池，并由此形成一个公开的许可交易平台。

2015年4月，国家知识产权局印发了《产业知识产权联盟建设指南》。以此为开端，为促进知识产权与产业发展深度融合、深化产业专利协同保护运用的产业知识产权联盟建设被提升到一个新的高度。到2016年1月，经有关省、自治区、直辖市知识产权局等单位推荐，国家知识产权局集中审核，有56家联盟符合以上指南有关要求，予以备案。

（7）公益组织保护。由于知识产权具有市场价值、经济利益、社会价值等多重价值属性，而社会尊重产权、尊重创造的意识普遍缺乏，所以关心、关注知识产权保护的主体也必然会是多元的，社会公益组织包括社会志愿组织在内，也就有了参与知识产权保护的动力和愿望。

2008年，北京市保护知识产权举报投诉服务中心组建了首都保护知识产权志愿服务总队（简称服务总队），主要面向全市企业、高校、街区，开展保护知识产权宣传培训、法律咨询、专项援助等志愿服务活动。该服务总队由志愿专家、大学生、街区工作者3支分队组成，志愿者人数超过1500人。

（8）行业协会保护。行业协会、各种商会组织作为自律、互助、互惠的组织，通过建立共同章程，在会员中形成尊重和保护知识产权的自律机制；政府也可以充分信任和发挥行业协会、商会等行业组织自律自治保护、共同保护、协同保护的作用。

3. 知识产权的相关法律

（1）知识产权单行（特别）法律法规和政策。与知识产权相关的法律法规主要包括《中华人民共和国专利法》《中华人民共和国商标法》《中华人民共和国著作权法》《计算机软件保护条例》《信息网络传播权条例》《著作权集体管理条例》《中华人民共和国反不正当竞争法》《集成电路布图设计保护条例》，还有国务院办公厅于2019年印发的《关于强化知识产权保护的意见》等。

（2）与知识产权有关的地方法规及司法解释。各省、自治区、直辖市都有关于知识产权的地方法规，比如《北京市科技进步条例》《上海市技术市场条例》《重庆市专利保护条例》《浙江省知名商号保护条例》《广东省技术秘密保护条例》等。

第99问

成果转化中国家有哪些激励政策？

当科研项目完成，形成论文、专著、专利等科研成果后，把科研成果中的新产品、新技术、新工艺等转化成成品、样机、技术得到全面推广和应用，并获取新产品证书、生产批文（药类的）、销售合同、订单、销售发票等证明文件的过程就是科研成果转化。一般来说，高新技术企业认定的科技成果转化能力主要体现在产品、服务、样品、样机4项上。我国十分鼓励把科研成果转化为实际生产力，以下是从不同角度总结激励科研成果转化的相关政策。

1. 激励成果转化的相关政策

（1）政策文件。自党的十八大提出创新驱动发展战略，将创新置于国家发展战略的核心位置以来，2015 年国家新修订《中华人民共和国促进科技成果转化法》（主席令第三十二号），2016 年陆续出台了《实施〈中华人民共和国促进科技成果转化法〉若干规定》（国发〔2016〕16 号）、《促进科技成果转移转化行动方案》（国办发〔2016〕28 号）、中共中央办公厅　国务院办公厅《关于实行以增加知识价值为导向分配政策的若干意见》（厅字〔2016〕35 号）等政策。

（2）激励政策要点。《中华人民共和国促进科技成果转化法》及相关系列推动科技成果使用权、处置权和收益权"三权下放"，提高科技成果转化的法定奖励比例，特别是个人比例，用制度手段与经济激励推动技术转移转化；先后设立促进科技成果转化的引导基金、实施技术创新引导的专项基金、推进金融对科技成果转化的支持基金；出台《国家技术转移体系建设方案》，加强专业化技术转移服务体系建设，构建科技成果转化服务平台；建立完善科技报告制度和科技成果信息系统，构建有利于科技成果转化的科研评价体系，为科技成果转化创造良好的制度环境。

2. 国务院制定的改革举措

2018 年 12 月，国务院总理李克强主持召开国务院常务会议，决定将新一批促进科技成果转化的 23 项改革举措，向更大范围复制推广，更大程度激发创新创造活力；国务院印发《关于优化科研管理提升科研绩效若干措施的通知》，要求开展赋予科研人员职务科技成果所有权或长期使用权试点工作。

《关于优化科研管理提升科研绩效若干措施的通知》规定"允许转

制院所和事业单位管理人员、科研人员以'技术股＋现金股'形式持有股权；引入技术经理人全程参与成果转化；鼓励高校、科研院所以订单等方式参与企业技术攻关……"。新的改革措施因不只局限于激发科研人员积极性且关注到高校院所与企业之间的转化关系而备受关注。

3. 财政部最新政策

（1）文件颁布。2019年10月，科技成果转化领域迎来重要政策突破，财政部发布《关于进一步加大授权力度 促进科技成果转化的通知》。这进一步加大国家设立的中央级研究开发机构、高等院校科技成果转化中形成的有关国有资产管理授权力度，畅通它们在科技成果转化中对有关国有资产全链条的管理，促进科技成果转移转化。

（2）政策要点。该通知在原已下放科技成果使用权、处置权、收益权的基础上，进一步加大科技成果转化形成的国有股权管理授权力度，畅通相关机构在科技成果转化中对有关国有资产全链条的管理，支持和服务科技创新。具体包括以下两方面举措：

第一，加大授权力度。按原规定，中央级研究开发机构、高等院校利用科技成果作价投资形成国有股权的转让、无偿划转或者对外投资等事项，需要按权限逐级报主管部门和财政部审批或者备案；以科技成果作价投资成立企业的国有资产产权登记事项，需要逐级报财政部办理。为缩短管理链条，提高科技成果转化工作效率，该通知将原由财政部管理的上述事项，授权中央级研究开发机构、高等院校的主管部门办理。

第二，整合现行规定。现行中央行政事业单位国有资产管理制度，涉及资产配置、使用、处置、评估、收益等环节。为了使科研人员通过一个文件全面掌握与科技成果转化有关的国有资产管理要求，该通知整合了科技成果转化涉及的国有资产使用、处置、评估、收益等管理规定。

4. 教育部最新政策

（1）文件颁布。2019 年 11 月，教育部发布了《教育部关于加强新时代教育科学研究工作的意见》（教政法〔2019〕16 号），为建立健全优秀教育科研成果发布制度和转化机制，激发地方政府、科研机构、学校、企业转化和应用科研成果的积极性，拓宽成果转化渠道，创新转化形式，推动教育科研成果及时有效转化做出系列规定。

教育部科技司发布的 2020 年工作要点中提到："切实抓好高校科技成果转化。贯彻落实《关于提升高等学校专利质量促进转化运用的若干意见》，着力推动高校建立健全重大项目知识产权全流程管理机制、职务科技成果披露制度、专利申请前评估制度；加快优化专利资助奖励政策，突出质量和转化导向。继续开展高校科技成果转化和技术转移基地认定工作，强化高校科技成果转化能力建设。"

（2）政策要点。《教育部关于加强新时代教育科学研究工作的意见》中提到，要重视对知识产权的保护，深化权益分配制度改革，加大科研成果转化的奖励激励。在其"第九条　加强科研成果转化"中对知识产权和科研成果转化方面规定："增强科研成果转化意识，引导鼓励开展政策咨询类、舆论引导类、实践应用类研究，推动教育科研成果转化为教案、决策、制度和舆论。建立健全优秀教育科研成果发布制度和转化机制，激发地方政府、科研机构、学校、企业转化和应用科研成果的积极性，拓宽成果转化渠道，创新转化形式，推动教育科研成果及时有效转化。重视知识产权的保护，深化权益分配制度改革，加大科研成果转化的奖励激励。"

《关于提升高等学校专利质量促进转化运用的若干意见》中包括 4 个方面重点任务，它们环环相扣、有机衔接、协同推进、相互支撑。其中，

"完善知识产权管理体系"是前提，"开展专利申请前评估"是关键，"加强专业化机构和人才队伍建设"是支撑，"优化政策制度体系"是保障。

5. 省级成果转化激励政策

各省、自治区、直辖市根据《中华人民共和国促进科技成果转化法》都出台了相关的科技成果转化条例，一般可以在各省级科技厅官方网站找到相关政策文件。

比如浙江省颁布了《浙江省促进科技成果转化条例》；印发了《浙江省科技成果转化奖励办法》（浙政办发〔2009〕120号）的通知用以奖励在本省组织实施科技成果转移、转化和产业化中做出突出贡献的单位和个人。浙江省科技成果转化奖实行推荐申报制，每年评审一次，分设特等奖、一等奖、二等奖、三等奖4个等级。其中，特等奖、一等奖、二等奖的奖励对象是项目，获奖项目每项分别奖励50万元、20万元、10万元；三等奖的奖励对象是个人，获奖人员每人奖励2万元。该奖涉及的重点领域包括电子信息、生物技术、新材料、新能源等高新技术产业；用高新技术和先进适用技术改造提升的区域传统支柱产业；高效、生态农业；有效开发和综合利用资源、节能降耗、防治污染、防灾减灾、保障公共安全和人口健康等社会发展领域。浙江省科技成果转化奖将优先授予浙江省企业从省外、国外引进先进技术成果进行消化、吸收、再创新，并获取自主知识产权、掌握核心技术和关键技术，有效促进产业产品结构优化升级的项目。

第 100 问

科研成果转换中应避免哪些风险？

当前，科技成果转化率低仍是我国科研的"短板"，而科技成果转化风险是制约我国科技成果产业化的一个重要因素。近年来，国家一直在鼓励科技成果转化，并出台了相关的政策、文件。可以预见，国家政策的支持和经济社会发展的需求，将会促使高校科技成果转化的数量越来越多。在这种情况下，怎样才能建立健全高校科技成果转化风险防控机制，怎样确保高校科研人员守底线不踩"红线"，是亟待重视和解决的现实问题。

1.高校科研人员要有法律意识

一些教师之所以在科技成果转化中出了问题：一是因为这些教师的规矩意识还不够强，缺乏有关的法律法规常识；二是因为业务主管部门监管不力，造成科研经费使用不规范；三是因为科技成果转化政策协同性不够，制度制定往往相对滞后。根据国家有关文件精神，国家鼓励支持高校科研人员兼任与其工作或教学科研领域相关的职务，支持他们按有关规定积极参与科技成果转化。开办公司是成果直接转化的一种方式，但科研人员的主要身份是高校教师，应把主要精力放在做好本职工作上，不能因为兼职或开办公司影响应履行的职责。同时，所有的兼职活动或从事的经营活动必须严格遵纪守法。法律法规是做人的底线，党规党纪是警示的"红线"。虽然国家在推进改革创新、破解难题、先行先试的过程中给科研人员松绑，允许他们失误和犯错，但是法律法规、党规党纪明确禁止的，科研人员绝对不能以身试法。

2. 对成果的权属事先要有约定

在具体科技成果转化的过程中，容易在所有权的归属划分、处置权的审批权限和分配权的监督管理等环节出现问题。为了加快科技成果转化，一些高校科研人员或其亲属创办了公司，而这些公司往往也成了恶性事件的高发区域。我们建议，高校科研人员可以完全把专利或者技术一次性转让，也可以不参与公司经营只参与分红。如果技术还没有成熟，高校科研人员可以建立一种实验室平台性的，或者制定一些后续跟进的政策或措施，来保证技术能更好地落地、实施。

科研人员懂科研，但对一些项目支出安排并不是十分了解，在项目支出的过程中有可能怎么方便就怎么处理，或者用一些变通的方式来处理，但有些方式在司法程序里肯定是违规的，甚至是违法的。不是哪一位老师想违规、想违法，说白了就是一部分人不懂政策，更意识不到将会产生的严重后果。科研人员要尽量避免突破现有的一些框架，在科技成果转化中要严格按照现有规章制度，不管是跟公司、学校还是跟别的科研机构合作，都要形成书面的、明确的、具体的科技成果转化协议，并按照协议去执行，必要时可咨询法律界的专业人士，以避免出现法律风险。

后　记

　　职教教师怎样着手去做科研方面的工作，尤其是对一些年轻的职教老师来说，这是一个非常现实的问题，因为考核、职称提升、教师个人知名度扩大等都需要科研作为基础，但不少职教教师对开展科研工作还有不少疑惑，浙江省中华职业教育社宣传教育委员会于 2020 年 3 月起，便开展了"浙江省中华职业教育科研项目公益讲座"活动，得到不少职教教师的积极响应，每次都有数千名教师收看直播讲座，他们也向讲座主讲老师提出了不少问题。

　　为了更系统地回答老师们提出的一些问题，我们选择了其中具有代表性的 100 个问题，并邀请近几年获得浙江省黄炎培职业教育奖的代表和对职教科研工作关心的专家共同解答，由此由于受邀参加问题解答的专家和学者比较多，所以全书在回答的语气和回答问题的详略上不尽相同，为尽快让大家了解这些问题，我们先安排出版，后续再不断完善。

　　本书汇总了职教教师在开展教科研工作中经常碰到的一些问题，有些问题的回答也仅仅代表作者的一种观点和建议，不一定是最合适的说法，真诚地希望阅读本书的读者提出批评意见，也可补充相关问题，我们将继续回答。

　　联系邮箱：57503315@qq.com

浙江省中华职业教育社宣传教育委员会

2020 年 5 月

凯莱布·威廉斯传奇

[英]威廉·戈德温 著

王爱琴　侯　阑 译

浙江工商大学出版社
ZHEJIANG GONGSHANG UNIVERSITY PRESS

图书在版编目(CIP)数据

凯莱布·威廉斯传奇 /（英）戈德温著；王爱琴，
侯阗译.—杭州：浙江工商大学出版社，2016.6（2017.2 重印）
（西方经典哥特式小说译丛 / 蒋承勇主编）
ISBN 978-7-5178-1531-0

Ⅰ. ①凯… Ⅱ. ①戈… ②王… ③侯… Ⅲ. ①长篇小
说－英国－现代 Ⅳ. ①I712.45

中国版本图书馆 CIP 数据核字（2016）第 015432 号

凯莱布·威廉斯传奇

［英］威廉·戈德温 著

王爱琴 侯 阗 译

出 品 人	鲍观明	
丛书策划	赵 丹	
责任编辑	姚 媛	
责任校对	丁兴泉	
封面设计	林朦朦	
责任印制	包建辉	
出版发行	浙江工商大学出版社	
	（杭州市教工路 198 号 邮政编码 310012）	
	（E-mail：zjgsupress@163.com）	
	（网址：http://www.zjgsupress.com）	
	电话：0571 - 88904980，88831806（传真）	
排 版	杭州朝曦图文设计有限公司	
印 刷	杭州五象印务有限公司	
开 本	880mm×1230mm 1/32	
印 张	11	
字 数	265 千	
版 印 次	2016 年 6 月第 1 版 2017 年 2 月第 2 次印刷	
书 号	ISBN 978-7-5178-1531-0	
定 价	39.00 元	

版权所有 翻印必究 印装差错 负责调换
浙江工商大学出版社营销部邮购电话 0571-88904970